"十三五"国家重点出版物出版规划项目

"一带一路"核心区语言战略研究丛书（第一辑）

邢欣　总主编

媒体报道语言中的"一带一路"

邢欣 李影 张美涛　等著

U0362343

南开大学出版社

天　津

图书在版编目(CIP)数据

媒体报道语言中的"一带一路"/邢欣等著.—天津:南开大学出版社,2019.1
("一带一路"核心区语言战略研究丛书)
ISBN 978-7-310-05221-9

Ⅰ.①媒… Ⅱ.①邢… Ⅲ.①新闻语言—研究 Ⅳ.①G648.9

中国版本图书馆 CIP 数据核字(2016)第 211447 号

媒体报道语言中的"一带一路"
MEITI BAODAO YUYAN ZHONG DE "YIDAI YILU"

南开大学出版社出版发行
出版人:刘运峰
地址:天津市南开区卫津路 94 号　邮政编码:300071
营销部电话:(022)23508339　营销部传真:(022)23508542
http://www.nkup.com.cn

三河市同力彩印有限公司印刷　全国各地新华书店经销
2019 年 1 月第 1 版　2019 年 1 月第 1 次印刷
235×165 毫米　16 开本　14.5 印张　4 插页　222 千字
定价:68.00 元

如遇图书印装质量问题,请与本社营销部联系调换,电话:(022)23508339

"十三五"国家重点出版物出版规划项目"'一带一路'核心区语言战略研究丛书"结项成果

2017 年度国家出版基金项目"'一带一路'核心区语言战略研究丛书（第一辑）"结项成果

国家语委 2015 年度重大项目"'一带一路'核心区语言战略研究"（ZDA125-24）成果

新疆维吾尔自治区普通高等学校人文社会科学重点研究基地"中亚汉语国际教育研究中心"重点项目"中亚汉语教学史研究"（XJEDU040714B03）成果

深入语言生活　回答时代提问（代序）

2013 年 9 月与 10 月，习近平主席在出访哈萨克斯坦和印度尼西亚时，提出了"一带一路"倡议，这是中国向世界提出的一个新概念，也是一个涉及国内外的新行动。2015 年 3 月，《推动共建丝绸之路经济带和 21 世纪海上丝绸之路的愿景与行动》发布，"一带一路"的概念逐渐清晰，行动逐渐有序。2017 年 5 月，"一带一路"国际合作高峰论坛在北京举行，"一带一路"建设进入全面推进阶段，并产生了重要的国际影响和国际互动。

"一带一路"倡议首先是经济愿景，但经济愿景也必须与政治、文化、科技等联动并发。"一带一路"倡议不是中国的独角戏，而是与国际互动的，共赢的。在"一带一路"建设推进的过程中，中国将构建全方位开放的新格局，深度融入世界经济体系；同时，它也强调国家间发展规划的相互对接，区域合作、国际合作将得到前所未有的加强，从而惠及他国，造福人类。

"一带一路"需要语言铺路，这已经成为近几年来关于"一带一路"建设的共识。但是，"一带一路"建设中究竟存在哪些语言问题，语言将怎样发挥"铺路"的功能，还是一个具有时代意义的课题，也是一个时代性的提问。邢欣教授主编的"'一带一路'核心区语言战略研究丛书"，正是立时代潮头，得风气之先，在研究这一时代性的课题，在尝试回答这一时代性的提问。

这套丛书有许多特点，最大的特点是其系统性和应用性。所谓系统性，是丛书较为全面地研究了"一带一路"的语言问题，涉及国家语言安全战略、对外语言传播策略、领域语言人才培养模式、媒体传播话语体系建设、语言文化冲突消解策略等话题。可以说，这套丛书已经建构起了语言战略研究的系统的学术网络。所谓应用性，是指丛书从现实入手，收集材料，透彻观察，深入分析，探索最佳发展模式，提出具体解决措施，以求应用于相关政策的制定和相关工作的实施。

　　能够在如此短暂的时间内，深入实际，发现问题，提出举措，并形成一整套丛书，是与这一研究团队的组成密切相关的。丛书主编邢欣教授，长期在新疆生活和工作，对新疆充满感情，对新疆的语言文字事业充满激情。后来，不管是求学于复旦大学，还是任教于南开大学、中国传媒大学，她都时时不忘新疆，承担了多个有关新疆的语言研究课题。特别是"一带一路"倡议的提出，更是激发了她的研究热情，促使她多次到新疆、到中亚实地调研，有亲身感受，有第一手资料，成为我国研究"一带一路"语言问题的先行者。

　　丛书各卷作者，有年长者，也有年轻人，但都是"学术老手"，在应用语言学的多个领域有学术根基，有丰富经验。同时，中国传媒大学和新疆大学、新疆师范大学几所高校在媒体传播研究、汉语国际教育等领域有平台优势，与"一带一路"沿线国家有频繁的文化、学术交流。该丛书的研究，也进一步促进了我国与中亚地区的学术合作，产生了较好的学术影响。丛书的这种工作模式是值得赞赏的。

　　语言学是经验学科，第一手研究资料，对研究对象的亲身感知，都很重要。获取第一手资料，感知研究对象，就必须多做田野工作。当然，不同的语言学科有不同的"田野"，现实语言调查、社会语言实践、古籍文献阅读、语言教学的对比实验、计算语言学的实验室等，都是语言学家的"田野"，都是现实的语言生活。本丛书的学术团队有着强烈的学术使命感，更有良好的学风，到"田野"去，到语言生活中去，去研究国家发展最需要解决的语言问题。这种学术精神，是值得提倡的。

李守明

2018 年 2 月 19 日

农历雨水之日

序

"一带一路"倡议提出以来，我国在经济、文化、教育等各领域的相关工作逐渐展开，政策沟通、设施联通、贸易畅通、资金融通、民心相通已经被明确为愿景方略和行动目标。沿线国家和地区也对我国的倡议积极响应，为展开全面合作进行对接。在这一双向交流的过程中产生的语言文化问题，引发了学术界对"一带一路"中语言的重要作用的关注和讨论。

邢欣教授主编的"'一带一路'核心区语言战略研究丛书"以学术研究服务国家发展为己任，从语言战略构建的高度，深入研究服务于"一带一路"实施的语言问题，无论于学术还是于社会实践，都具有重要的价值。

几年来，在不同场合，邢欣教授都在不断地阐释"'一带一路'核心区"的理念。她认为，"丝绸之路经济带"核心区将在"一带一路"建设中发挥窗口作用。作为重要的交通枢纽、商贸物流和文化科教中心，它涉及的多国家、多语种的语言问题尤为典型。这一判断是基于邢欣教授及其团队的大量调查而形成的。

这套丛书提出了以语言服务为主的语言战略新思路，它符合"一带一路"建设的目标和需求，是切实而有远见的。丛书中关注的国际化专业汉语人才培养、媒体报道语言热点等问题，也紧紧扣住了语言服务这一核心点，把握了"一带一路"总体布局下的语言战略问题的脉搏。同时，丛书中包含的旨在促进"民心相通"的留学生的文化碰撞与适应、语言适应和语言传承等研究内容，紧密贴合了"一带一路"的框架思路，表明了丛书作者对语言与国家方略的关系的透彻理解和深刻立意。

邢欣教授具有语言本体、民族语言和语言应用等多方面的研究经验，成果丰硕。近年来组织一批语言学、语言规划、语言教育等各方面的专家，就"一带一路"核心区之一——新疆的语言问题进行专门研究，形成了一支有机配合的研究团队，赴多个"一带一路"沿线国家进行了多次调研，组织了多场学术研讨会，陆续发表了一批有重要影响的文章。这套丛书就是在此基础上完成的。

丛书的作者有民族语言学、社会语言学方面的知名学者，有活跃在教学科研第一线的高校骨干教师，也有近几年获取博士学位走上相关岗位的青年新秀。集中多方面研究力量形成的研究成果具有视角新颖、内容丰富、应用性强的特点，将对语言战略研究理论和"一带一路"建设各领域的实践都会产生积极影响。

在这套丛书申请立项过程中，我有幸成为先读者，深为他们的精神所感动。值丛书出版之际，邢欣教授要我写几句话，就有了上面这段文字。

是为序。

2018 年 2 月 25 日

丛书前言

　　"一带一路"倡议是我国政府提出的以经济发展带动世界各国繁荣和谐的新愿景和行动纲领，是"具有原创性、时代性的概念和理论"指导下的治国新理念，具有重大而深远的意义。目前，"一带一路"建设已"逐渐从理念转化为行动，从愿景转变为现实"。截至 2018 年底，全球已有 122 个国家和 29 个国际组织积极支持和参与"一带一路"建设，在政策沟通、设施联通、贸易畅通、资金融通、民心相通五个方面全面推进。交流互鉴、合作共赢、共同发展已成为我国与沿线国家的共识，政治互信、经济融合、文化包容的利益共同体、命运共同体和责任共同体正在一步步形成。"一带一路"建设的核心点在各国共建上，而国际上的政治、经济、法律、商贸、文化、教育等交流活动都离不开"语言"这一物质载体，语言成为合作共建、民心相通的关键要素。因此，构建符合时代需求的语言发展战略，成为"一带一路"建设中的基础性工程。

　　"一带一路"倡议提出以来，国内各个领域的相关研究蓬勃开展。从 2014 年起，语言学界也逐渐投入到这一研究中来，接连发表了一系列研究成果，提出了许多有建设性的观点和建议。特别是李宇明先生于 2015 年 9 月 22 日在《人民日报》上发表的《"一带一路"需要语言铺路》一文，为"一带一路"研究中的语言政策研究提供了依据。从语言学界的研究来看，大家已经基本达成了共识，即"一带一路"建设的顺利进行离不开语言保障，围绕"一带一路"的语言研究势在必行。我们这一研究课题正是产生于"一带一路"建设的大背景下，不是只与语言学相关，而是具有跨学科的性质；其成果也将不仅应用于语言学相关领域，还将与社会各层面相对接。因此，在研究思路上，我们搭建了一个理论与应用相结合的框架。在理论上，解决好语言政策与对外语言传播政策的对接，汉语教学与汉语国际教育语言人才培养政策的对接，以及国家语言安全战略与"一带一路"

语言服务的对接；在应用上，把握服务于语言需求这一主线，在语言人才培养、媒体语言传播、"互联网+"语言公共服务平台建设等方面提供策略建议。在研究方法上，以实地调查为重心，深入调研，充分占有第一手资料。

根据基本的研究框架，我们先后组建了"'一带一路'核心区语言战略研究"课题组和"面向中亚国家的语言需求及语言服务研究"项目组，获得了国家语委重大项目、国家社科基金重点项目，以及新疆大学和中国传媒大学"双一流"大学专项建设资金的支持；同时，规划了预期研究成果，形成了"'一带一路'核心区语言战略研究丛书"。南开大学出版社以该套丛书申报了"十三五"国家重点出版物出版规划项目和 2017 年度国家出版基金项目，并顺利获批，为丛书的出版和成果的传播提供了保障。

我们希望这套丛书可以实现它的预期价值，主要包括以下几个方面：第一，提出面向"一带一路"沿线国家，以语言服务为主的语言发展战略，为国家语言规划和语言政策的新布局提供理论依据，为"一带一路"语言战略智库建设提供策略建议；第二，丰富和完善语言文化研究的内涵，为对外语言文化交流提供建议，为促进民心相通提供语言服务；第三，研究语言文化冲突消解策略，为"一带一路"建设中潜在的，或可能出现的语言文化冲突提供化解方案，为跨文化交际的研究提供理论和实践的补充；第四，提出满足"一带一路"建设需求的语言人才培养模式和急需人才语言培训模式，为领域汉语教学提供理论依据；第五，为汉语国际传播提供新的思路；第六，在"互联网+"思维下，提出建立语言需求库、人才资源库，以及搭建"语言公共服务+语言咨询服务"平台的理论方案。

在丛书撰写过程中，研究团队的各位作者发挥资源和平台优势，以严谨的科研态度和务实的工作作风开展研究，希望这些成果能经得起实践的检验。我们的研究团队成员主要是新疆大学、新疆师范大学、新疆教育学院、新疆喀什大学等新疆高校的研究者和中国传媒大学的硕士生和博士生，感谢这些高校的大力支持，特别是新疆大学和中国传媒大学的大力支持。在本研究进行过程中，同行专家、各领域相关研究者给予了很多支持、帮助和指导；在实地调研中接受访谈和咨询的中资企业、孔子学院、高校、语言学院、华商协会组织、媒体等相关人员给予了大力配合和宝贵建议，这些都为本研究提供了实施条件和重要启发，在此一并深致谢忱！还要特别感谢李宇明教授、郭熙教授为丛书慨然作序，沈家煊先生在国家出版基金项目申请时对丛书给予肯定和推荐，给了我们莫大的鼓励和支持。最后要感谢南开大学出版社的无私相助，特别是田睿等编辑为本丛书出版殚精竭虑，付出了大量精力和心血，特此表示诚挚的谢意。

在编写本套丛书的过程中，我国提出的"一带一路"倡议得到了国际上越来越多国家的响应和支持，"一带一路"建设正在全面而深入地推进。这对语言应用研究提出了更多的课题和更高的要求。服务于"一带一路"建设，服务于国家和社会的发展需求，希望我们的研究能起到一定的积极作用。学术研究服务于社会发展和时代需要，是科研工作者的使命。我们最大的荣幸，是能得到广大读者的反馈和指正，使我们在研究的道路上能循着正确的方向探索，并获得源源的动力，坚持到底。

邢欣

2019 年 1 月

本书前言

2013 年 9 月 7 日，习近平主席在访问哈萨克斯坦时首次提出要用创新的合作模式共同建设"丝绸之路经济带"的主张。同年 10 月 3 日，在访问印度尼西亚的演讲中，习近平主席提出了共同建设"21 世纪海上丝绸之路"的构想，并明确指出中方愿与东盟各国展开广泛合作，建立友好的海洋伙伴关系，这一构想得到了广泛关注和积极响应。同年 12 月 1 日，习近平总书记在中央经济工作会议上正式提出了推进"丝绸之路经济带"建设，建设"21 世纪海上丝绸之路"。"一带一路"这一倡议作为一个面向全世界的经济合作平台，在实现中国与其他国家互利共赢的合作方面开辟了广阔的空间，同时也为中国经济的快速发展提供了历史机遇。"一带一路"的推进离不开媒体的传播和报道，而新闻传播报道主要是语言的运用，对媒体报道语言的分析和研究也是"一带一路"语言研究的重要部分。

2015 年仲春，国家语委陆续开始了对"一带一路"倡议下语言研究的课题论证和重大项目招标，我们也及时配合国家"一带一路"倡议，提出了相关的研究构想，并于当年获批国家语委 2015 年度重大项目"'一带一路'核心区语言战略研究"（ZDA125-24）。从此时起，我们开始准备有关媒体对"一带一路"报道语言的研究并终于完成书稿，在南开大学出版社的支持下，得以付梓。

本书从媒体报道语言的角度解析"一带一路"报道的新闻内涵和语言特色，探讨了网络新媒体、微信公众号自媒体、专业网站的新闻报道方式，试图勾勒出媒体报道的语言模式，也试图将语言研究与社会服务结合起来，提供语言服务研究和应用研究的新思路。本书共分七章，以"一带一路"的热门报道领域——政策法规新闻报道、经济新闻报道、文化交流新闻报道和旅游新闻报道四个方面的报道语言为研究对象，对语料进行梳理和归纳，重点放在信息源数据、热点词语、修辞手段和篇章结构几个角度的探讨上。第一章主要对"一带一路"倡议的背景进行了介绍和论述，同时对"一带一路"媒体报道语言研究的情况做了述评。第二章分四个领域详细评介了新闻报道语言的研究现状。第三章着墨在新闻报道信息源的数据统计和分析上，通过分析可以看出，对"一带一路"的新闻报道是不均衡的，包括涉及的国家和国内省市的不均衡、报道领域里的关注点不均衡等。第四章主要抓取了四个领域新闻报道中的热点词，通过对热点词的探讨，进一步凸显了"一带一路"新闻报道语言的重点和热点。第五章从修辞角度总结出四个领域新闻报道语言的辞格运用特点，进一步说明了辞格对新闻报道语言的积极作用。第六章是本书的重点着力部分，分别从四个领域新闻报道的标题和篇章结构的角度做了详尽的分析和梳理。有关于新闻标题语法结构的分析、复句关系的探讨，有对于新闻语篇的细致归纳和分析，还有对新闻语篇中句子结构的分类研究。通过分析研究，我们发现了"一带一路"新闻语篇的许多特点，并总结出了语篇中的句子运用规律。第七章针对"一带一路"新闻报道语言中反映出的问题提出需要关注语言需求，加强语言服务。

由于有关媒体报道语言研究的论著较少，且大多是从新闻语言的宏观构建或新闻报道的特色等角度来论述的，而"一带一路"倡议的提出又在近几年，所以对我们来说，研究的过程也是一个重新学习的过程。在一年多的时间里，我们大约每周安排一次讨论，一起探讨怎样让语言的理论研究跟社会的语言服务需求结合起来，怎样做到既有对新闻报道的归纳分析，以此找出"一带一路"的热点内容，又不失语言研究的根本，对新闻报道语篇做出语言结构和修辞方面的分析。在书稿写作过程中，有多位博士生、硕士生参与研究讨论，在数篇硕士生学位论文的基础上，重新梳理、修改，写成初稿。初稿完成后，反复探讨，几易其稿，才形成了现在的面貌。参加初稿编写的有主要作者邢欣和几位中国传媒大学硕士生，基础文章包括徐文超的硕士学位论文《"一带一路"视域下的政策法规新闻语言研究》、孙晓娜的硕士学位论文《"一带一路"视域下的经济报道语言研究》、杨佳琳的硕士学位论文《"一带一路"视域下的文化交流报道语言研究》和许田田的硕士学位论文《"一带一路"视域下的旅游新闻语言研究》中的部分内容。改编者为主要作者邢欣和李影、张美涛两位博士，最后审稿和定稿由邢欣完成。

可以说，本书的出版是集体智慧的结晶，是整个学术团队的心血。作为本书的主要作者，首先对参加写作的所有作者表示感谢。在本书编写过程中，南开大学出版社的编辑田睿老师也花费了很多精力。此外，特别要感谢国家语委的大力支持。最后，感谢语言政策研究开创者、著名语言学家李宇明先生和郭熙先生在百忙中为本丛书作序。

邢欣

2019 年 1 月

目　录

第一章
"一带一路"媒体语言研究背景

第一节 "一带一路"倡议的提出

一、"一带一路"倡议简介

"一带一路"是"丝绸之路经济带"和"21世纪海上丝绸之路"的简称。2013年9月7日，中国国家主席习近平在哈萨克斯坦纳扎尔巴耶夫大学演讲时，首次提出共同建设"丝绸之路经济带"的倡议。同年10月，习近平主席在出访东南亚国家期间，提出共建"21世纪海上丝绸之路"的重大倡议。2015年3月，为推进实施"一带一路"重大倡议，让古丝绸之路焕发新的生机与活力，以新的形式使亚欧非各国联系更加紧密，互利合作迈向新的历史高度，中国国家发展改革委员会、外交部、商务部联合发布了《推动共建丝绸之路经济带和21世纪海上丝绸之路的愿景与行动》（以下简称《愿景与行动》）。《愿景与行动》作为"一带一路"倡议得以实施的重要纲领，全面勾勒了"一带一路"建设的原则、框架思路、合作重点、合作机制等内容。文件明确提出"共建'一带一路'，致力于亚欧非大陆及附近海洋的互联互通，建立和加强沿线各国互联互通伙伴关系，构建全方位、多层次、复合型的互联互通网络，实现沿线各国多元、自主、平衡、可持续的发展"。文件同时提出了建设的五个重点，即要在沿线国家和地区实现"五通"以保证"一带一路"建设的顺利进行。同时，文件对中国各地区在"一带一路"建设中的地位和作用做了明确的界定，提出"丝绸之路经济带"的核心区是新疆，"21世纪海上丝绸之路"的核心区是福建。文件提出"发挥新疆独特的区位优势和向西开放重要窗口作用，深化与中亚、南亚、西亚等国家交流合作，形成"丝绸之路经济带"上重要的交通枢纽、商贸物流和文化科教中心，打造"丝绸之路经济带"核心区；对福建来说，合作重点是"发挥海外侨胞以及香港、澳门特别行政区独特优势作用，积极参与和助力'一带一路'建设。为台湾地区参与'一带一路'建设做出妥善安排"。

二、核心区优势

（一）新疆

作为"丝绸之路经济带"核心区的新疆，其地缘优势和语言优势明显。从地理位置看，新疆直接与蒙古、俄罗斯、哈萨克斯坦、吉尔吉斯斯坦、塔吉克斯坦、阿富汗、巴基斯坦、印度等8个"一带一路"沿线国家接壤，新疆与这些国家的交流合作早已展开。新疆作为我国通向中亚、南亚和西亚的窗口，战略地位十分重要。这里拥有众多的口岸，其中的中欧班列主要经由新疆的阿拉山口口岸出境，在"一带一路"中搭起了中国联通欧洲乃至世界的桥梁。至2017年底，国内开行中欧班列的城市已有38个，列车满载着连接中国和世界的货物奔驰在丝绸之路上，使新疆成为"一带一路"上的重镇。新疆不仅在贸易上占尽先机，还是连接"一带一路"沿线国家的旅游、医学、交通建设、石油天然气等众多领域的桥梁。通过新疆，中亚的天然气和石油输入中国的大江南北；而新疆设立的医学中心也惠及了中亚地区的患者及家属。随着"一带一路"沿线国家不断开放旅游市场、提供免签政策，中国去"一带一路"沿线国家的游客也不断增加。近年来，随着中吉乌公路的开通，公路货运更是通过新疆的南疆口岸繁忙地奔走在沿线国家。这一切不仅给新疆带来机遇，也凸显了新疆的重要作用。新疆高校也在"一带一路"建设的带动下，招收了周边国家大量的留学生来学习汉语。以新疆作为基点辐射整个中亚甚至南亚、西亚各国，加强我国与沿线各国的政策沟通、设施联通、贸易畅通、资金融通、民心相通等方面的建设，就成为历史发展的必然。

（二）福建

作为"21世纪海上丝绸之路"核心区的福建，是古代海上丝绸之路的起点，由海路可以到达南亚、西亚、东非和欧洲，也是郑和下西洋的起点，是当时海上商贸的集散地。其中泉州作为中国古代海上丝绸之路的主要港口之一，是唯一被联合国教科文组织承认的海上丝绸之路的起点，相关的文化遗产十分丰富。同时，福建也是我国著名的侨乡。作为全国第二大侨乡，福建拥有海外华侨华人约1512万（龙敏，2014），在充分调动海外华人参与"一带一路"建设的进程中，福建的优势十分明显。也正是由于其在地缘、文化上的优势,《愿景与行动》明确提出在"21 世纪海上丝绸之路"的建设中要依托福建,充分发挥其在海外侨胞中的独特优势。

"一带一路"建设是一项系统工程,需要坚持共商、共建、共享的原则,积极推进沿线国家和地区发展战略的相互对接以及国内各省市的合作共建,充分发挥核心区在地缘、经济、文化等方面的优势。

第二节 "一带一路"媒体报道量化分析

一、国内媒体"一带一路"总体报道数量统计

随着"一带一路"倡议的提出和相关建设的推进,有关"一带一路"的新闻报道数量猛增,尤其是国内外的互联网和移动网络新媒体对"一带一路"的新闻报道更是铺天盖地。网络新闻报道是一种新的语言报道方式,它突破了传统新闻的传播方式,以网络为载体,在大众传播方面给予新闻接收者以新的体验。凭借时效性、便利性,网络新闻报道已经成为当代大众接收信息的重要途径。通过对 2015 年 6 月 14 日至 2016 年 3 月 25 日百度、人民网、搜狐新闻及新浪新闻等几大主要互联网媒体的数据统计,我们发现,"一带一路"相关报道数量较为庞大。具体统计结果如表 1-1 所示①。

表 1-1　含有"一带一路"的文本和标题数量统计

网站名称	文本数量/篇	标题数量/条
百度（全网搜索）	4550000	1500000
人民网	73700	8200
搜狐新闻	20400	5300
新浪新闻	28600	500

通过对其中含有关键词"一带一路"文本内容的检索统计,发现国内

---

① 由于新闻报道数量庞大,统计时我们采用选择有效标题的方式处理。表 1-1 中的"文本数量"是检索出的数量,"标题数量"是有效数量,即除去重复的或文中含有"一带一路"关键词,但不是"一带一路"相关文章的数据。

互联网媒体在 2015 年 6 月至 2016 年 3 月期间的新闻报道量已经非常庞大，可见媒体对"一带一路"的关注是与政府的倡议相一致的。具体统计结果如表 1-2 所示。

表 1-2 　　"一带一路"内容总体报道数量统计

网站名称	文中含有"一带一路"关键词的文本数量/篇
百度（全网搜索）	4550000
人民网	73700
新华网（全网搜索）	4780000
凤凰新闻	24000
腾讯新闻	24400
网易新闻（全网搜索）	2110000
搜狐新闻	20400
新浪新闻	28600
天山网	700

通过对核心区新疆的主要地方网站——天山网的统计，结果显示其报道数量约有 700 篇，尽管较全国性网站少了许多，但也能看出地方媒体对"一带一路"的关注程度。

二、四大领域报道数量统计

对几大互联网媒体中有关"一带一路"的新闻报道，主要可分为四个领域来集中探讨，这四个领域包括政策法规领域、经济领域、文化交流领域和旅游领域。

（一）政策法规领域报道中的"一带一路"数据

我们选取了自 2013 年 9 月 7 日至 2016 年 2 月 8 日具有代表性的 3 个网站中的数据进行了统计。第一个选取的是人民网。人民网是国家重点新闻网站，坚持以"权威性、大众化、公信力"为宗旨，在国内具有很大影响力。据统计，与"一带一路"政策沟通相关的报道共 2828 篇，占与"一带一路"相关的总报道篇数的 12.0%。通过对两年多的报道的统计可以看出，人民网对"一带一路"政策法规的关注度较高。我们选取的第二个网站是在核心区新疆具有代表性的地方网站天山网。通过对天山网的数据统计，发现其中有关"一带一路"政策法规的报道有 97 篇，占报道总数的

6.6%。第三个网站是代表新媒体的澎湃新闻。澎湃新闻以网页、手机客户端等形式发布新闻,是完全依赖互联网发展起来的新兴媒体,代表了新闻媒体发展的新方向。据统计,澎湃新闻与"一带一路"有关的报道共1412篇,其中政策法规报道共429篇,占报道总量的30.4%。通过对三大媒体的统计,可以看出新媒体对政策法规报道的关注度更高。近些年微信公众号发展迅速,我们也对具有代表性的微信公众号进行了数据分析,选取的是以报道塔吉克斯坦为主的微信公众号"tjk(塔吉克)"、以报道哈萨克斯坦为主的微信公众号"哈萨克斯坦资讯"和以报道乌兹别克斯坦为主的微信公众号"乌兹别克环球零距离"。这三个微信公众号基本可以代表与中亚地区有关的微信公众号的报道趋势。在"tjk(塔吉克)"微信公众号中与"一带一路"政策相关的报道共10篇,约占报道总篇数的15.9%;在"哈萨克斯坦资讯"中,与"一带一路"政策相关的报道为43篇,约占报道总数的21.0%;在"乌兹别克环球零距离"中与"一带一路"政策相关的报道为33篇,约占报道总数的19.3%。由此可以看出,在微信公众号的报道中,政策法规报道所占比例也不低。

(二)经济领域报道中的"一带一路"数据

"一带一路"建设聚焦的是"发展"这个根本问题,目的是要"实现经济大融合、发展大联动、成果大共享"。对经济领域报道数据的统计可以反映出"一带一路"建设的发展走向。我们选取了新华网、光明网和天山网三个具有代表性的新闻网站作为报道数据统计的来源。新华网是由国家通讯社新华社主办的新闻信息服务门户网站,是最具影响力的中文网络媒体之一;光明网依托《光明日报》的传统优势,在广大读者和网民中具有较大的影响力;天山网是新疆地区的门户网站,对读者和网民了解新疆的情况也具有重要参考意义。据统计,自2015年7月至2015年12月,新华网发布的"一带一路"经济领域报道共有278篇,占"一带一路"相关报道总量的84.8%;自2014年7月至2015年12月,光明网发布的经济领域报道共有493篇,占"一带一路"相关报道总量的90.3%;自2015年6月至2015年11月,天山网发布的经济领域报道共有117篇,占"一带一路"相关报道总量的 22.4%。①可见经济报道在三大网站占比都比较高，特别是在新华网和光明网这样的全国性网络平台上，经济领域的报道比例更高。

（三）文化交流领域报道中的"一带一路"数据

从对"一带一路"文化领域的报道中可以看出"一带一路"民心相通建设的方向和愿景。我们选取了人民网中《人民日报》和《人民日报》海外版两个板块进行了统计。自 2014 年 1 月 1 日至 2016 年 3 月 10 日，在关于"一带一路"文化交流的报道中，两个板块聚焦境内的报道与境外的报道数量相差不大，聚焦境内的报道总数为 111 篇，聚焦境外的报道数量为 93 篇。《人民日报》及海外版关于"一带一路"文化交流的报道数量逐年增加。2014 年全年，关于"一带一路"文化交流的报道只有 25 篇，而 2015 年，文化交流报道数量已上升至 138 篇，大约每三天就有一篇关于"一带一路"文化交流方面的报道。自 2016 年 1 月 1 日至 3 月 10 日，不到三个月时间就已刊载了 41 篇与"一带一路"文化交流相关的报道，这反映了"一带一路"民心相通建设的不断推进。

（四）旅游领域报道中的"一带一路"数据

我们选取了具有代表性的网站，统计了从 2015 年 3 月 1 日至 2016 年 1 月 6 日的报道。选取的网站包括新华网、光明网、中新网、搜狐网和天山网共 5 个网站。新华网与"一带一路"相关的新闻报道数量约为 4610000 篇，其中旅游报道约为 78600 篇，约占报道总量的 1.7%；光明网的相关报道总量为 18105 篇，其中旅游报道为 4448 篇，约占报道总量的 24.6%；中新网的相关报道总量为 13473 篇，其中旅游报道为 2150 篇，约占报道总量的 16.0%；搜狐网的相关报道总量为 328900 篇，其中旅游报道为 23759 篇，约占报道总量的 7.2%；天山网的报道总量为 170 篇，其中旅游报道为 15 篇，约占报道总量的 8.8%。由以上数据可以看出，新华网的旅游报道比例较低，原因是新华网每天报道大量的国内、国际新闻，新闻数量极为庞大，而旅游的新闻点低，所占比例自然会少一些。光明网、中新网、搜狐网及天山网的旅游报道数量相对较多，特别是光明网达到了 24.6%，

---

① 由于经济领域的报道数量非常庞大，为了便于分析，我们对这一领域只截取了较小时间段的数据。

可以看出各大网络媒体在"一带一路"倡议提出后对旅游报道的关注。

上面的数据说明了"一带一路"新闻报道涉及"一带一路""五通"建设的各个方面。其中政策法规领域的报道主要体现了政策沟通的需要，经济领域的报道反映了目前"一带一路"建设在设施联通、贸易畅通、资金融通方面的推进情况，而文化交流和旅游领域的报道则主要体现了民心相通在"一带一路"建设中的重要作用。

第三节 "一带一路"媒体报道语言研究概况

一、媒体语言研究概况

媒体语言涵盖了新闻语言，有关新闻语言的研究较多，可以把相关研究概括进媒体语言的研究之中。

（一）"新闻语言学"的提出

早期，语言学界对新闻语言的关注点在词汇和文风方面。我国著名语言学家吕叔湘在 1986 年举行的《新闻业务》杂志座谈会上就对提高新闻语言的水平以及改进新闻文风给出了意见（李洪启，1986）。而自蓝鸿文等（1989）提出建立"新闻语言学"作为一个独立的学科之后，运用语言学的研究方法对新闻语言进行深入系统的研究就逐渐成为一种趋势。

（二）新闻语言学的分类

新闻语言学本身具有交叉的属性，按新闻体裁、新闻要素、新闻媒介等不同的标准可以分出不同的类。这里我们主要按照语言的要素来分类。众所周知，语言的三大要素为语音、词汇和语法，因此新闻语言学也可以按照语言的要素来分类，可分为新闻（语言）语音学、新闻（语言）词汇学和新闻（语言）语法学。（韩书庚，2010）尹世超（2001）专门针对新闻的标题（篇名）做了具体详细的研究，他根据不同的标准，将标题分为报道性标题和称名性标题，有标记标题和无标记标题等。除此之外，从其他角度对新闻语言进行的研究也颇多。罗远林（1994）主要研究了新闻报道的修辞手法；李元授、白丁（2001）运用新闻学和语言学原理，并借鉴心理学、传播学、编辑学等相关理论和方法，探讨了新闻语言的基本要求、新闻语体的特点等内容；廖艳君（2004）从语言学角度对新闻报道进行了分析和研究，以篇章语言学、系统功能语法、语用学、认知语言学等理论为指导，从新闻语篇的语体分类，消息语篇的话题结构衔接、语义信息衔接、语法衔接以及词汇衔接的主要表现形式等方面，对新闻报道语体进行了完整的语篇分析和研究。

（三）关于网络新闻的研究

网络新闻主要指通过互联网媒介发布的各类媒体报道消息。"一带一路"视域下的网络新闻报道，不仅包括各类新闻网站在网络平台上发布的新闻信息、服务信息，还包括所有网络参与者（政府部门、大众传媒、社会组织或个人）在网络平台上发布、传播和接收的新闻信息。也就是说，所有通过网络渠道发布的媒体报道都在研究范围之内。

从新闻传播的角度对网络新闻的研究，学者们主要对网络新闻的可信度、汉英翻译的特征和方法以及与报纸新闻的差异等进行研究。刘琼（2011）从网络新闻可信度角度研究网络新闻可信度低的原因以及改进策略；蒋红梅（2013）分析了当下网络新闻信息可信度发生的变化，并对网络新闻可信度的提升提出建议；徐林（2011）分析了网络新闻的汉英翻译特点，从网络新闻语料的选取、标题的编译等方面对网络新闻的翻译提出了建议；张丽（2015）以人民网和《人民日报》为例对网络新闻和报纸新闻进行了比较，分析了差异原因。

从语言学的角度对网络新闻的研究，学者们主要在语法和语用的层面展开。段业辉（2007）从语法的角度对网络新闻语言中的通讯语言、评论语言和消息语言的特点进行分析；马丽（2010）对网络新闻标题语言的词语、修辞、句法特点以及存在的问题进行了分析，对网络新闻标题的规范化提出了策略性建议；沈晓静（2007）从语用的角度强调了新闻的价值属性，指出新闻价值属性的突出往往通过语用学中指称原理的运用来实现；武金燕（2012）从语用预设的特点入手，研究网络新闻的设计策略；林纲（2012）从功能语法角度运用信息结构理论和主位结构理论来研究报纸、电视、网络和广播四种媒体新闻语言。

二、"一带一路"媒体报道语言研究

根据中国知网（英文为 China National Knowledge Infrastructure，简称 CNKI）的数据检索结果，"一带一路"媒体报道语言方面的研究主要分为国内媒体数据分析和国外媒体数据分析两类。

国内媒体数据分析的主要目的是探索和总结媒体报道的效果和不足，进而提出改进建议。艾克热木江·艾尼瓦尔等（2015），通过对比《人民日报》和人民网的相关报道，分析传统媒体和网络媒体各自的报道风格和侧重点，进而得出人民网在"一带一路"报道中多以消息和通讯的形式对事件进行概括和告知的结论。徐书婕（2015）通过对《人民日报》中与"一带一路"相关的报道进行分析，认为在新媒体环境下，主流媒体应该进一步巩固和发挥自身"意见领袖"的地位和作用。

国外媒体数据分析是以外媒对"一带一路"的报道为对象，研究其对"一带一路"这一倡议的看法和态度，进一步分析出国际关系的现状和趋势。郑华等（2016）通过对《纽约时报》和《华盛顿邮报》刊载的"一带一路"相关报道的分析，认为美国对"一带一路"倡议的看法较为复杂，积极、中性和消极观点并存，而这也从一个侧面反映了中美关系的特点。

总的来说，虽然有关"一带一路"新闻报道的数量庞大，但是关于"一带一路"报道的相关研究尚处于起步阶段。针对"一带一路"视域下的新闻语言的研究还较为少见。以"一带一路"和"新闻"为关键词在中国知网进行搜索，发现自 2014 年 1 月至 2016 年 6 月，约有 300 篇学术论文针对"一带一路"新闻报道进行了研究，但从语言学角度对新闻报道进行的研究屈指可数。对新闻报道的研究不仅可以帮助从业者了解各大媒体对"一带一路"报道的倾向，而且还可以帮助普通读者了解"一带一路"建设的进程和成果。而对于"一带一路"视域下的媒体语言的研究，还须充分考虑新闻报道语言的服务功能，这主要包括两个方面：第一，分析现有新闻报道语言的特点，总结经验，查找不足，以便未来的新闻报道能更有效地为"一带一路"建设服务；第二，透过新闻报道了解"一带一路"的建设进程和发展趋势，可以帮助各个领域有志于参与"一带一路"建设的集体或个人了解所需要的信息，为"一带一路"的深入推进提供有力支持。

第二章
新闻报道语言研究概述

第一节　政策法规新闻报道研究概述

一、政策法规语言研究

（一）政策语言研究

有关政策语言研究的文献主要包含政论语言和公文语言两类。下面主要从词汇、语体风格、修辞，以及语篇分析等几个方面进行综述。

1. 词汇方面

凌婧（2015）对陕甘宁边区的历史资料进行了考察，总结了当时中国共产党的公文语言特点；刘玉（2004）通过比较统计的方法，对专门的政论语体词按照不同词类进行了统计，并从语义、语法和语用三方面进行研究，从而证实了政论语体语言庄重、精练的风格特点，以及将政论语言归于书面语的正确性；刘玉福（2007）对公文语体专门词语进行了明确的范围界定，并从其结构构成、意义特征上进行分类分析，使我们对公文语体专门词语有了全面的认识，该分析对公文语体专门词语的正确使用亦具有指导意义；时代在发展，公文词汇也会随之变化，徐音华（2012）对改革开放以来的《政府工作报告》中的公文词汇进行了历时研究，在描写公文词汇发展变化特征的同时，分析了公文词汇发展变化的原因和条件，并对公文词汇的发展趋势进行了预测。此外，赵欣（2006）、邹小阳（2008）等还对四字格成语和熟语在当代公文语体中的使用情况进行了研究。

2. 语体风格方面

政论文的特点是概念具有明确性，判断具有严密性，而论证具有严谨性（杨达英，1984）；公文语体语言具有准确性、平实性和简明性（黄立霞，2014）；公文语体语言的简洁性主要表现在压缩文字、凝练句子、精练词语以及使用公文专用语等方面（张海燕 等，2004）。此外，侯洪澜（2008）指出，除了专用语，公文语体中还经常使用文言词汇、惯用语以及随着语言发展创造出来的新词语。在语法上，除了通过省略以使句子更精练外，还经常使用长句以达到表意明确的目的。在语体对比方面，根据对文献资料的考察，以往研究更多关注政论语体及公文语体与文艺语体之间的比较。王琼（2009）从选词造句、修辞以及句式的选择三个方面对公文语体和文艺语体进行了比较研究，发现公文语体注重准确简练，修辞格用得较少，并且常用陈述句和祈使句。韦超（2006）和庞丽莉（2007）分别对政论语体和艺术语体中状语位置上的形容词重叠式以及零形回指和名词回指现象进行了比较研究。皮晨曦（2011）专门就政论语体和文艺语体中的排比修辞的功能进行了对比分析。

3. 修辞方面

郭其智等（2007）发现公文语言中追求的表达效果不同，在文章中往往会使用不同的修辞格。文章列举了 16 种修辞格，并对这些修辞格一一进行了描写，可见在公文中修辞格的使用是非常普遍的。汤蕾（2007）从语音、词汇、语法、篇章等方面对公文语体中的修辞现象进行了描述。通过这几种手段，公文语体表现出明晰、简约、平易、谦婉和规范的特点。侯洪澜（2008）指出公文语体对使用的辞格也具有选择性，通常使用比喻、比拟、夸张、对偶等修辞手段。此外，覃怡（2012）还对公文语体中的模糊修辞进行了专门讨论，文章认为模糊修辞虽然不能和精确语一样顺利地传递信息，但是正是由于这种模糊性和不确定性，以及其特有的约定俗成性，模糊修辞总是能以较少的文字传达足够的信息，提高表达效率。

4. 语篇分析方面

郑东升（2007）通过批判性语篇分析理论对美国前总统布什的六次演讲进行研究，明确了人称代词、一般现在时、语气修饰语、评价修饰语、情态动词以及言语行为动词在政论语言控制功能实现过程中的作用。张菊荣等（2008）提出了"多向度话语分析方法"，其核心也是批判性话语分析，该方法的应用让人们清楚地认识到国家权力运用语言作用于受众的方式。张军梅（2011）指出在政治语篇中使用语用移情、模糊限制语、模糊指示语、间接言语行为和政治委婉语等，可以起到维护交际双方"面子"、拉近交际双方距离以确保双方友好交际的作用。

（二）法规语言研究

通过对文献资料的查阅，我们发现，针对法规语言的研究主要关注点在词汇、语法、语体风格、语用、语言规范性等方面。

1. 词汇方面

在法规术语的命名和选用上，张维仑（1995）和陈炯（2003）先后对法规术语命名和选用的意义、原则以及应注意的问题进行了论述。李鸿亮（2007）、王榕（2009）先后对法规术语进行了界定，并对法规术语从学科、来源和范围等方面进行了分类，同时还分析了法规术语的内部构成、意义构成及其整体特点。崔璐（2010）通过建立语料库，运用数据统计的方法，在结构、语义、语法、功能等方面分析了法规术语的特点。

在词汇释义和运用方面，富全利等（2010）在总结《精编法学辞典》中法规术语释义规律的基础之上，对释义中的不足提出了实用性的建议。郎花（2011）对法规语言与日常语言中的"的"进行对比分析，总结出法规语言严谨简洁的语体风格。

2. 语法方面

王进安（2004）指出，法规语言倾向于使用多层定语和多层状语，句式整齐紧凑，多用长句和省略句，在句类的选择中，多使用陈述句和祈使句，这体现出法规语言具有周密性、简洁性和科学性等特点。李德鹏（2006）通过将法规语体与其他语体中的"被"字句进行比较分析，描述了法规语体中"被"字句的结构形式和语义色彩。

3. 语体风格方面

潘庆云（1985）指出，准确性是法规语体的首要特征和生命；除此之外，法规语体尚有程式性、稳定性、简洁性和严谨性等特征。文章从这些特征的表现方式和实现手段出发，对法规语言的语体特征进行了论述。此外，邵健（1997）、赵净秋（1998）也对法规语言的语体风格进行了论述。

4. 语用方面

不少研究采用语用学理论，对法规文本进行了分析。胡范铸（2005）采用言语行为理论总结出了法规言语行为的构成性规则和策略性规则；潘丽萍（2011）采用批判性话语分析理论，提出通过构建中国特色法规话语体系以构建良好的国际话语环境；姚霖霜（2012）认为法规文书语言也有情绪，并提出了法规文书情绪得以表征的具体手段和方式；罗桂花（2013）以互动语言学理论为基础，系统地构建了法庭互动中话语立场建构的基本面貌。

5. 语言规范性方面

许多学者都对法规语言的规范性进行了界定。从原则、理论、具体途径和方法等不同的角度提出了规范法规语言的建议（邢欣，2004；宋北平，2006；廖美珍，2008；邹玉华，2009；郭龙生，2009）。

二、政策法规媒体语言的研究

（一）政策媒体语言研究

对政策媒体语言的研究主要是从语体风格分析和语用学分析两个方面进行的。同时，有些研究还区分了语料的媒体来源等。

1. 语体风格分析

张华念（2005）以历时的视角，从词汇的选择和句式的使用两方面研究了不同年代《人民日报》的语体风格。张智慧（2006）从语言风格、篇章结构、句法结构、词汇、修辞以及文化背景等方面对《中国日报》（*China Daily*）的政论性报道进行了描写分析，并提出了解决政论性报道阅读困难的各种策略，具有实用意义。钟原（2007）从概念功能、人际功能、语篇功能三方面分析了党报和都市报在语体风格上的不同，帮助读者准确认识两类报纸的差异性。

2. 语用学分析

翁玉莲（2007）对新闻消息语体和评论语体的形式特征进行了对比分析，并解释了其形成动因的机制。董育宁（2007）研究了新闻评论语篇的篇名结构和功能，文章利用功能语言学理论研究了语篇中的词、句、辞格以及语篇的文本结构、语篇语体类型等问题，还从语用学的角度，分析了新闻评论语篇中的劝说行为。杨林（2011）基于《重庆日报》的时政新闻文本，对其词汇结构、文本结构、文本功能和受众进行了分析，并对《重庆日报》时政新闻的写作提出了建议。吴华清（2012）采用批判话语分析与媒介生产社会学理论，对党报时政新闻话语特征、形成过程进行了描写，并进一步分析了其形成的社会成因，在一定程度上反映了党报时政新闻话语的发展趋势。郝景东（2014）采用隐喻的语用功能分类理论，对比研究了中美政治新闻语篇中隐喻的语用功能及其运作机制。

（二）法规媒体语言研究

通过查阅文献，我们发现有关法规媒体语言的研究相对较少，以下是对这些研究的简要介绍。

薛朝凤（2010）基于语言学、新闻学、法学等理论，从文体学和叙事学角度研究我国法制新闻话语的结构形式与社会功能，揭示了法制新闻话语的叙事规律，构建了法制新闻话语的叙事模式，对法制新闻话语建构与解读具有指导意义。赵杨（2011）对《法制日报》中的新闻报道进行了时政分析，总结了法规语言的使用方式，对法规语言的使用特点进行了分析，总结了法制新闻报道在使用法规语言方面的问题和原因，并提出了相关的建议。贾小兰（2015）从法制新闻报道标题的角度出发，对法制新闻报道标题中的常见隐喻进行分类研究，认为法制新闻报道标题中的隐喻包括结构隐喻、方位隐喻、本体隐喻三类，并对法制新闻报道标题的隐喻特点和意义进行了论述。总的来说，政策法规媒体语言研究已经取得了一些研究成果，但是针对"一带一路"政策法规媒体报道语言的讨论目前还不多见。在"一带一路"建设的大背景下，加强对相关政策法规报道语言的研究，不论是对报道本身，还是对"一带一路"建设的推进都具有重要的意义。

第二节　经济新闻报道研究概述

"一带一路"是我国立足于国情提出的国际区域合作新模式，对于我国及沿线国家和地区的发展意义重大。而根据《愿景与行动》对"一带一路"建设主要内容，即"五通"建设的阐述，可以发现经济领域的合作是其中最为重要的一个部分。"五通"中的设施联通、贸易畅通以及资金融通都主要跟经济建设有关。可以说在未来一个相当长的时期内，推进"一带一路"经济建设将会是中国建设开放型经济新体制的重要着眼点和立足点。通过"一带一路"的建设，不管是走海上路线还是沿着中亚一路向西，都将有力地促进我国与周边国家和地区形成互联互通的局面。在"一带一路"建设的合作中，经贸合作是重点，遵循丝绸之路精神，中国与沿线国家和地区必将共同迎来一个新时代。

通过对中国知网数据库的统计可知，在与"一带一路"相关的研究中，经济领域的研究开展最早，数量也最为庞大。以"一带一路"和"经济"为关键词进行搜索可以发现，2014 年 9 月至 2016 年 6 月有关"一带一路"的研究文章共有 120000 多篇，其中关于经济领域的研究文章共有约 3500篇，约占文章总数的 2.9%。这些研究主要涉及"一带一路"倡议的解读、"一带一路"对区域经济发展的影响、开展"一带一路"建设的建议以及在"一带一路"背景下经济建设所面临的机遇与挑战等几个方面。

本书所研究的经济新闻报道语料主要选自新华网、光明网和天山网。三大网站各有特点，具有很强的代表性：新华网和光明网都是我国最具权威的新闻网站，其发布的新闻报道基本代表了国内报道的总体走向；而天山网作为"一带一路"核心区之一——新疆的地方门户网站，为读者了解新疆提供了一个窗口。

一、关于经济新闻的研究

关于经济新闻的研究可以大致分为对经济新闻的研究和对经济新闻语言的研究两类。二者的角度不同，前者主要从新闻学的角度进行研究，而后者则主要从语言学的角度进行探讨。

从新闻学的角度来看，专家学者探讨的热点集中在经济新闻的发展历史、现状和举措上。陈力丹（2000）阐述了经济新闻的历史和任务，指出金融证券新闻是经济新闻的核心；李道荣（2007）分析了经济新闻报道的专业性和服务性等特点，进而提出经济新闻从业者应该具备的基本素养问题。

有关经济新闻语言的研究主要是从认知语言学、篇章语言学和语用学的角度进行的。从认知语言学角度对经济新闻的研究主要集中在运用隐喻理论进行分析上，熊妮（2007）以隐喻理论分析经济新闻文本，探讨在经济新闻中隐喻的显著意义；吴恩锋（2007）基于国内三大经济类报纸，运用概念隐喻理论分析了经济新闻标题中的概念隐喻的认知规律；郁璐（2010）从英汉经济新闻的隐喻出发进行跨文化对比研究，发现英汉语两种认知方式的异同点。

从篇章语言学角度进行的研究主要集中在运用批评性话语分析理论对经济新闻的分析上,彭丽巍(2008)通过篇章对比分析了经济新闻的语言特点,指出了经济新闻报道词汇中存在的评价性词汇;孙莉(2011)通过对《纽约时报》中关于中国经济新闻的报道的批评性语篇分析,探讨客观经济新闻背后的权力关系;何文(2013)以国外媒体对中国的经济新闻报道为对象进行批评性分析,研究其体现的利益阶层的意识形态问题。

从语用学角度进行的研究主要集中在对经济新闻中数据语言的使用情况的分析上,胡联伟(2009)从语用学角度出发,研究报刊经济新闻中数据语言的使用情况,认为数据语言的灵活表达可以增加经济新闻的可读性;俞萍丽(2001)用定量分析的方法研究了经济新闻中数据的使用情况,指出对数据的有效运用可以增强经济新闻的分析力。

二、关于"一带一路"经济新闻的研究

随着我国综合国力的不断增强,我国的经济和世界的经济紧密联系在一起。为了能够更加深入地融入世界经济体系,我国始终坚定不移地贯彻对外开放的基本国策,努力构建全方位的对外开放新格局。2013 年 9 月和10 月,中国国家主席习近平分别提出了共建"丝绸之路经济带"和"21世纪海上丝绸之路"的重大倡议,受到了世界的高度关注。推进"一带一路"建设符合中国扩大和深化对外开放的需求,这条世界上跨度最长的经济大走廊是加强中国同世界各国互利合作的重要纽带,对促进世界的和平与发展具有重要意义。

关于"一带一路"的研究,学者们依照不同的专业领域进行了阐述,其中大部分是从经济学、政治学的角度进行的,主要包括对"一带一路"倡议的解读、对区域经济发展的影响以及今后的相关举措等几大方面。蒋希蘅、程国强(2014)从政治、经济、人文交流等角度对"一带一路"建设提出了有益建议;申现杰(2014)从当前国际经济合作新形势出发,分析"一带一路"倡议对于中国经济建设的重要意义;储殷、高远(2015)从倡议实质出发强调"一带一路"是一项与时俱进的决策,对促进和谐发展、加强与沿线国家和地区的互联互通具有重要意义;金玲(2015)认为"一带一路"倡议与"马歇尔计划"有着根本的区别,"一带一路"是建立

在中国与沿线国家共同发展、平等互利基础上的，是以务实合作为共同宗旨的，将它形容为"中国的马歇尔计划"是一种误读。

从前述可以看出，目前关于"一带一路"的研究主要是从经济学和政治学的角度进行的，针对"一带一路"新闻报道的专题性研究还较少，并且已有的研究也主要是从新闻学、传播学的角度进行的。覃倩（2015）从传播的积极性、消极性等方面分析了对这一倡议的国际舆论倾向；廖杨标（2015）以2014年《人民日报》（海外版）关于"一带一路"的新闻报道为研究对象，分析中国在对外经济报道中的现状与不足，并据此对中国的对外经济报道提出参考意见。前者的研究以"一带一路"背景下的新闻报道为对象，并不局限于经济领域；而后者的研究虽然是基于经济领域报道展开的，但主要是从新闻学、传播学的角度进行的讨论。可以说，从语言学入手，专门针对"一带一路"经济报道语言进行的研究尚未开展。我们通过对收集整理的三大网站——新华网、光明网和天山网发布的报道进行数据分析，探讨"一带一路"视域下的经济新闻报道的语言特点，目的是使其更有效地为"一带一路"经济建设活动服务。

第三节　文化交流新闻报道研究概述

《愿景与行动》（2015）明确提出"一带一路"建设以合作共建为原则，围绕"五通"展开，其中民心相通是"一带一路"建设的社会根基。传承和弘扬丝路友好合作精神，为深化双多边合作奠定坚实的民意基础，是民心相通的重要任务。"国之交在于民相亲，民相亲在于心相通"，习近平主席多次强调"五通"中民心相通的重要性。原文化部部长蔡武在《坚持文化先行　建设"一带一路"》（2014）中指出："在建设'一带一路'的进程中，我们应当坚持文化先行，通过进一步深化与沿线国家的文化交流与合作，促进区域合作，实现共同发展，让命运共同体意识在沿线国家落地生根。"随着国际交往的日渐深 入，文化交流的重要性日益显现。文化先行，离不开媒体的传播和推介。新闻媒体是文化交流活动的主要推手，在文化传播方面有着重要作用。透过新闻报道了解目前与"一带一路"相关的文化交流活动的开展情况以及语言需求情况，有助于进一步推动"一带一路"建设的进行。

一、新闻传播学中文化交流新闻报道的研究

文化交流报道在新闻报道中有其独特的地位。近年来国家越来越重视文化建设，可以说文化交流新闻报道是宣传和提高国家软实力、推动社会文化大发展大繁荣的有效途径之一。新闻媒体是文化建设的主力军，是文化交流新闻报道的主体。而从新闻学、传播学角度对文化交流报道的研究也层出不穷，大量的研究专著和期刊论文出版或发表（邱沛篁，2000；潘知常 等，2002；唐小茹 等，2004；祁林，2006；郭庆光，2011）。近年来，以某一方面文化交流报道为对象的研究逐渐增多。胡波（2007）从版面设计、报道月份和地区、新闻字数、配图量及主题归属等角度，对2006年《浙江日报》文化节庆报道进行数据分析，并且按照新闻体裁如消息、通讯、特写、专访、评述等进行归类，对《浙江日报》节庆报道提出意见与建议；张骞（2011）以针对非物质文化遗产进行的宣传和报道为研究对象，从新媒体和传统媒体两方面进行研究，指出了我国媒体在民族文化传播工作方面的困境，并提出了相应改进意见，以帮助媒体改进传播方式，提升跨文化传播能力；郭珉（2014）用对比分析的方法对2012年伦敦奥运会中外体育新闻报道做了研究分析，得出体育新闻报道需要凸显个性、注重赛场技术、满足观众对体育新闻的需求、与受众互动等结论。

二、语言学中的文化交流新闻报道的研究

文化交流新闻报道中语言研究的范围十分广泛，研究可以从语篇、标题两方面进行，本部分讨论选取新闻报道语篇内部的引语作为对象。

语篇是存在于特定交际中、表达意义和信息、结构完整的单位。20世纪20年代西方语言学家注意到对使用中的语言的研究，开始研究大于句子的语言单位。20世纪80年代以来，语篇逐渐成为国内语言学研究的热点，大量著作相继问世（王福祥，1981；黄国文，1988；聂仁发，2002）。近年来，对于新闻报道语篇的研究日益增多，王蕾（2008）从语篇功能的风格

分类入手，把语篇分为日常谈话语体和公众书卷语体，日常谈话可分为随意谈话和认真谈话，公众书卷语体分为艺术语体和社会实用语体，而新闻报道语体就归为社会实用语体之中，文章对新闻语体的视域性进行了分析，并探讨这类语体的互文性特点；王倩（2013）主要从语篇交际意图、交际主题、交际语境出发研究语篇交际结构，研究延伸至语篇底层结构，并最终在语篇表层语言形式中显露出来。

标题是新闻报道的重要组成部分，从语言学角度对报道标题的研究主要包括新闻标题的修辞学研究、新闻标题的语法现象研究、应用关联理论对标题的研究等几个方面。袁武信（1988）、徐建华（1999）、刘晨红（2006）等从修辞角度对标题进行了研究。尹世超（2001）主要从语法角度入手对标题进行研究，将标题分为报道性标题与称名性标题两类。曾颖（2005）从标题的结构和话题入手进行研究，以数据为基础为标题分类，将标题分为体词性标题和谓词性标题，后细分为 11 类标题结构，又从标题的话题凸显形式和标题的特殊句法语用特点来分析标题。彭戴娜（2006）主要从词类、句型、句类三个方面对标题进行了研究。

对新闻报道中出现的引语进行的研究，传统的引语研究偏重转述引语的形式变化，但是近年来的研究重点逐渐转向引语的语篇和语用功能（辛斌，2009）。巴利（Bally）将引语大致分为直接引语和间接引语两类（徐赳赳，2010）[205]。段晓捷（2003）从语表形式、语里意义和语用特征三个方面考察语篇中的直接引述现象。篇章中使用的直接引语通常具有五种功能，分别为逐字复制功能、责任分离功能、同一性功能、不易描写功能和吸引功能（徐赳赳，2010）[214-216]。随着研究的深入，近年来国内也出现了不少专门针对新闻报道引语进行的研究。辛斌（1998）从批判话语学的角度研究引语，分析新闻报道转述语言的语篇语用功能，考察新闻报道者如何运用引语传达自己的观点；辛斌（2007）将消息分为事件消息和转述性消息，认为广泛使用间接转述形式是当今新闻报道的一种趋势，这是由现代大众媒体的社会功能所决定的；辛斌（2014）对汉英报纸新闻语篇中的转述语从语用修辞角度进行了对比研究。"一带一路"文化交流报道中的引语比其他领域报道中更多，因此选择引语作为研究对象，主要也是为了通过引语考察"一带一路"文化交流新闻报道的特点。

三、语言学中有关"一带一路"文化交流新闻报道的研究

在"一带一路""五通"建设中，民心相通看似最"软"，但要把"一带一路"建设为命运共同体，实现利益互惠、责任共担，民心相通更为根本。而实现民心相通需要语言互通。推动"一带一路"建设，要重视语言规划。第一，要研究"一带一路"沿线国家的语言状况；第二，要注重培养"一带一路"建设所需要的语言人才；第三，要了解"一带一路"相关国家的语言政策和语言使用习惯；第四，要充分利用语言技术为"一带一路"建设的推进提供便利；第五，要做好社会语言服务工作。（李宇明，2015）总之，要充分重视语言在"一带一路"中的独特作用，促进民心相通。李佳（2015）提到语言相通是实现"五通"的重要基础之一，这不仅表现在语言作为最重要的交流工具上，而且也体现在语言文化融通这一核心层面上。邢欣、苗德成（2016）提出语言在实现"一带一路""五通"建设中发挥的互联互通作用日益凸显。"五通"中语言人才培养是实施"一带一路"发展的人才保障，应在"互联网+"的思维下，积极拓展网络发展新空间，共同搭建"互联网+"模式下的"语言公共服务＋语言咨询服务"平台，使"一带一路"核心区语言战略研究为"一带一路"核心区经济建设提供有力的服务，并为实现"五通"服务。2016年1月，以"'一带一路'的语言问题"为主题的中青年语言学者沙龙在商务印书馆召开。四位学者从四个角度做了主题发言。中共中央对外联络部当代世界研究中心赵明昊副研究员分析了"一带一路"合作倡议中的若干"难点"；中国传媒大学邢欣教授根据在中亚地区实地调研获得的第一手资料，讨论了"一带一路"背景下的中亚语言需求相关问题；宁夏大学王辉教授对"一带一路"国家语言状况进行了概述；外语教学与研究出版社副总编辑章思英女士详细介绍了中华思想文化术语传播工程，以及工程建设中在翻译整理方面存在的难点。会上，北京大学陆俭明教授提出要深刻认识"一带一路"的意义，并就语言如何为"一带一路"建设服务提出了意见和建议；中国社会科学院刘丹青教授在总结发言时，也特别强调了"一带一路"倡议下语言学家的使命，

指出了解、建立语言文化双向交流的重要性①。

综上所述，从新闻学和语言学角度对新闻报道进行的研究较多，近年来从两个角度专门针对文化新闻报道的研究也呈上升趋势；从语言学角度对"一带一路"进行的研究虽然已经展开，但是专门针对"一带一路"文化交流新闻报道的研究却很少。学界提出了"一带一路"建设的推进需要语言铺路，要充分发挥语言的积极作用，但有针对性的研究还不多见，本书对"一带一路"文化交流新闻报道的分析是这方面的研究的一种探索。

第四节　旅游新闻报道研究概述

"一带一路"倡议的提出将对我国及沿线国家的政治、经济和文化产生重大的影响。在互联网大时代，信息的传播需要新闻报道的助力，旅游新闻的报道对"一带一路"背景下旅游业的发展具有很大影响力。"一带一路"建设中，旅游业发挥着先导性的作用。实现民心相通需要我们"走出去"，认识沿线国家的人民，了解他们的风俗文化并与之建立起友好、互信的关系。"走出去"离不开旅游业的发展，在促进境外旅游业的发展方面，旅游新闻的作用至关重要。国际旅游市场的发展与旅游新闻报道有着密不可分的联系。旅游新闻对国际旅游市场的影响，不仅包括对境外景点的介绍、对旅游中的吃住行游购娱等相关方面产生的影响，还包括国际事件、政策变化等方面的新闻报道对旅游市场产生的影响。因此，"一带一路"旅游新闻报道对境外旅游发挥着重要的引导作用。

一、有关旅游新闻语言的研究概述

"一带一路"视域下旅游新闻报道语言，涉及旅游新闻语言的研究，而旅游新闻语言的研究涉及导游语言的研究。

部分学者强调旅游中的语言活动变异现象是一种特殊语体，要求文学语言

---

① 参见"一带一路"的语言问题——"2016 中青年语言学者沙龙"暨《语言战略研究》创刊号首发式专辑《中国语言资源动态》2016 年第 3 期，商务印书馆。

和新闻语言相互渗透融合，旅游报道才能更加吸引人（谷建军，1997；姜木兰，2003）。也有学者分析了旅游新闻的特点、作用及发展趋势，探讨出旅游新闻报道所存在的问题并提出解决方案（陈卓，2007；包俊，2014；王涛，2015）。

国内针对导游语言的研究，总体来说起步晚、发展快。韩荔华（2001）全面讨论了导游语言的特点、方法、目的，提出了一些有研究意义的观点。其主要从社会语言学出发，阐述了导游语言研究的结构。之后，导游语言的研究开始引起注意，研究的领域和角度也不断扩大，主要集中在语音、词汇、语法、修辞、语用及导游语言规范化等方面的问题上。

崔进（1994）、韩荔华（1990）、钱惠梅（2013）对导游语言的节奏、导游语言的艺术、语音及语义的修辞技巧进行了研究；周松根（1992）、韩荔华（2000）、李林（2011）对导游语言词汇、句型进行了研究，从具体实例出发分析了惯用语、词汇使用等问题；谭德姿（2005）、黄秀升（2008）归纳总结了导游语言修辞方法及修辞的得体性；阙庆华（2008）、谢新暎（2010）、苏晶（2012）、谷保垒（2014）、崔岩（2015）探讨了导游言语中的会话理论、言语行为的运用，从合作原则角度出发对导游语言进行了研究，说明语言为社会服务的价值。此外，杨梅（2004）、齐迹（2009）对外语导游用语进行了研究，尚明娟（2011）探讨了导游语言的规范问题，等等。从以上研究不难发现，导游语言已经逐渐引起了学界的重视。

二、有关"一带一路"旅游和语言的研究概述

我们对中国知网 2014 年 1 月至 2016 年 3 月的论文进行检索，输入关键词"一带一路"及"旅游"，结果显示，2014 年有 17 篇论文，2015 年有 411 篇论文，2016 年 1 月至 3 月有 39 篇论文，共计 467 篇论文。由此可知，随着"一带一路"倡议的提出，与"一带一路"旅游相关的研究大量出现。

"一带一路"倡议能够促进旅游深度发展，形成大旅游格局，促进旅游特色产品、特色线路开发，推动民心相通、设施联通、文化交融。在"一带一路"倡议带动下，原国家旅游局将 2015 年的旅游主题确定为"美丽中国——2015 中国丝绸之路旅游年"，针对不同的地区制定了不同的策略，以此来推动旅游发展。海南省抓住机遇打造"璀璨明珠"，珠三角推动一体化提升，河南省注重非物质文化遗产保护，连云港市举行大型旅游推介会，福

建省助推旅游品牌创建，等等。总之，应该依托"丝绸之路旅游年"活动，抓住旅游发展新机遇（王永锋，2015；宋瑞，2015；曾博伟，2015；高舜礼，2015）。

有学者探讨了发挥"一带一路"旅游力量在国际旅游中的作用，对于加强沿线国家旅游合作、市场开放、主题开发具有重大的意义（邹统钎，2015；王恒，2016）。

我们注意到，对"一带一路"旅游新闻报道的研究离不开对语言的研究和讨论。语言是重要的交际工具，旅游的发展离不开语言。同样，"一带一路"倡议的推广和实施，也离不开语言的牵线搭桥。关于"一带一路"语言的研究目前比较少，主要集中在语言所要发挥的作用及语言需求建设的规划上，涉及语言人才的培养、教育的改进等问题。本书对"一带一路"旅游新闻报道语言的研究，将对促进旅游新闻报道的提升和相关研究的开展产生一定的积极作用。

第三章
"一带一路"新闻报道
信息源数据分析

第一节 "一带一路"政策法规新闻报道信息源数据分析

我们对语料进行了筛选，政策法规报道的语料来源主要包括网络媒体和微信公众号。网络媒体主要选取了人民网、天山网和澎湃新闻。我们首先选取了人民网，是因为人民网是中国国内最大、最权威的综合性网络媒体之一。同时，根据新疆在"一带一路"倡议中的重要地位，我们又选取了天山网的报道作为分析对象。而选取澎湃新闻，主要因为澎湃新闻是完全依赖互联网发展起来的新兴媒体，代表了媒体的发展趋势。近年来手机技术发展迅速，众多手机客户端被开发出来，订阅微信公众号也成为一种时尚，不少人将微信公众号作为获取新闻的来源。因此，我们也搜集了与"一带一路"倡议相关的微信公众号，共计19个；根据报道内容与"一带一路"倡议的相关性和文章的数量，最终选取了"哈萨克斯坦资讯""tjk（塔吉克）""乌兹别克环球零距离"3个微信公众号的新闻报道作为主要研究对象。在截取语料时，人民网和天山网上的报道选自2013年9月7日至2016年2月8日期间，澎湃新闻的报道选自2014年4月27日（澎湃新闻上线时间）至2016年2月8日期间。因为所搜集到的微信公众号的创设时间都晚于2013年9月7日，因此，公众号报道的选取时间从创设之日开始。

通过梳理"一带一路"倡议的发展轨迹，可以将其分为两个阶段，即倡议酝酿阶段和倡议务实推进阶段。从2013年9月7日到2015年3月27日为倡议酝酿阶段，2015年3月28日以后为倡议务实推进阶段。如此划定阶段界线主要是因为，共同建设"丝绸之路经济带"的倡议于2013年9月7日首次明确提出，随后于2013年10月3日提出了共同建设"21世纪海上丝绸之路"，"丝绸之路经济带"和"21世纪海上丝绸之路"合称为"一带一路"，这是倡议酝酿的开始。2015年3月28日，《推动共建丝绸之路经济带和21世纪海上丝绸之路的愿景与行动》发布，"一带一路"倡议有了明确的规划方案，自此倡议步入务实推进阶段。

对"一带一路"政策法规信息进行报道是"一带一路"倡议顺利推进

的重要条件，相关企业通过及时了解国内外政策法规信息，可以减少甚至规避"走出去"过程中的风险。本节主要采用量化统计的方法对网络媒体和微信公众号中的"一带一路"政策法规报道进行了分析，希望为网络媒体和微信公众号在"一带一路"政策法规报道中更好地发挥自身作用提供参考。

一、报道数量和报道走势

（一）网络媒体中政策法规报道数量和报道走势比较分析

我们对人民网、天山网和澎湃新闻的报道检索分别以"一带一路""丝绸之路经济带""海上丝绸之路"作为关键词，找到人民网中与之相关的报道共 23578 篇，排除重复和不相关的报道文本后，共得到关于"一带一路"政策法规的报道 2828 篇，约占总报道篇数的 12.0%。

天山网设有"一带一路"专栏，即《丝路快讯》，其开设时间为 2015 年 7 月 1 日，专栏语料的截取时间为 2015 年 7 月 1 日至 2016 年 2 月 8 日。专栏共刊载文章 612 篇，其中关于"一带一路"政策法规的报道 39 篇，约占全部报道的 6.4%。同时，分别以"一带一路""丝绸之路经济带""海上丝绸之路"为关键词搜索，找到天山网其他栏目与"一带一路"相关的报道共 912 篇，其中关于"一带一路"政策法规的报道共有 58 篇，大约占报道总数的 6.4%。通过以上两种方式，在天山网检索到的关于"一带一路"政策法规的报道共有 97 篇。

澎湃新闻与"一带一路"有关的报道共有 1412 篇，其中政策法规报道共有 429 篇，占全部报道的 30.4%。

关于"一带一路"政策法规的报道，人民网共有 2828 篇，其中倡议酝酿阶段（2013 年 9 月 7 日至 2015 年 3 月 27 日）的报道有 520 篇，占比为 18.4%；倡议务实推进阶段（2015 年 3 月 28 日至 2016 年 2 月 8 日）的有 2308 篇，占比为 81.6%。天山网共有 97 篇，倡议酝酿阶段有 24 篇，占比为 24.7%；倡议务实推进阶段有 73 篇，占比为 75.3%。澎湃新闻共有 429 篇，倡议酝酿阶段有 137 篇，占比为 31.9%；倡议务实推进阶段有 292 篇，占比为 68.1%。如图 3-1 所示。

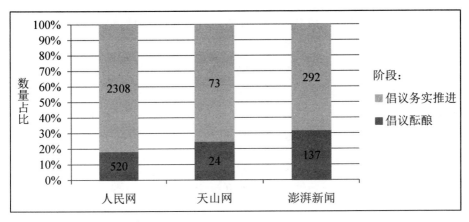

图 3-1 网络媒体中"一带一路"政策法规报道不同阶段数量占比

上述数据显示，在"一带一路"倡议务实推进阶段，关于"一带一路"政策法规的报道数量激增。同时，不同网络媒体的报道又呈现出一些不同的特点。

人民网中有关"一带一路"政策法规的报道跟天山网和澎湃新闻的相关报道的不同之处主要体现在以下两个方面。

第一，从对"一带一路"报道的总量来看，人民网的各阶段报道数量都远远高于天山网和澎湃新闻的报道数量，但从有关政策法规的报道数量比例上看，人民网又低于天山网和澎湃新闻。通过分析，我们将主要原因归结在重复率上。在语料搜集过程中，我们发现人民网的相关报道文章重复率非常高。例子如下：

（1）一带一路，千年的时空穿越（人民网，2014 年 9 月 24 日）

这是一篇对"一带一路"进行解读的报道。当日，人民网上共出现了6 篇题目和内容基本相同的报道，天山网上对此事件的报道只有 2 篇，而澎湃新闻基本上没有重复报道。

第二，在报道的发布时间上，人民网中的相关报道时间总是早于天山网和澎湃新闻的报道时间。例子如下：

（2）习近平：共同建设"丝绸之路经济带"（全文）（人民网，2013 年9 月 7 日）

（3）"一带一路"打通东联西出通道 新疆或成能源"桥头堡"（天山网，2014 年 11 月 9 日）

（4）看亚信："丝绸之路"战略的亚洲特征与全球价值（澎湃新闻，2014年5月19日）

以上三例是三大媒体最早的有关"一带一路"政策法规的报道。从时间先后排列上看，人民网从2013年9月7日就已经开始对"一带一路"倡议进行报道，而天山网和澎湃新闻上的相关报道最早出现的时间都在2014年5月以后。天山网《丝路快讯》专栏直到2015年7月才开通。

无论从报道数量还是报道发布的时间上看，人民网都发挥了国家综合性网络媒体的舆论引导功能。天山网和澎湃新闻在"一带一路"政策法规报道发布时间上均晚于人民网。

同时，在检索过程中还发现，在人民网上以"一带一路"作为关键词进行搜索得到的报道数量远远多于以"丝绸之路经济带"和"海上丝绸之路"作为关键词进行搜索得到的报道数量，并且无论是用"一带一路""丝绸之路经济带"还是"海上丝绸之路"作为关键词进行检索，人民网在倡议务实推进阶段的报道数量都远多于"一带一路"倡议酝酿阶段的报道量。天山网情况类似，以"一带一路"为关键词进行检索得到的报道总量也多于用"丝绸之路经济带"作为关键词搜索得到的报道总量，在务实推进阶段的报道数量也多于酝酿阶段。同时，以"海上丝绸之路"作为关键词进行搜索发现，天山网所有包含"海上丝绸之路"的报道也都包含关键词"丝绸之路经济带"，可见天山网作为主要报道核心区新疆的地方性网络平台，在报道地域和报道内容的选择上具有一定的倾向性。

（二）微信公众号中政策法规报道数量和报道走势比较分析

通过对"tjk（塔吉克）""哈萨克斯坦资讯"以及"乌兹别克环球零距离"三个微信公众号的调查发现，在"tjk（塔吉克）"微信公众号中，与中国相关的报道共有63篇，其中与"一带一路"政策法规相关的报道共有10篇，占报道总数的15.9%；在"哈萨克斯坦资讯"中，与中国相关的报道共有205篇，其中与"一带一路"政策法规相关的报道有43篇，所占比例为21%；在"乌兹别克环球零距离"中，与中国相关的报道共有171篇，其中与"一带一路"政策法规相关的报道有33篇，所占比例为19.3%。在倡议酝酿阶段，"tjk（塔吉克）"相关报道只有1篇，占其政策法规报道总量的10%；"哈萨克斯坦资讯"的相关报道共有8篇，占其政策法规报道总量的 18.6%；"乌兹别克环球零距离"该阶段的政策法规报道数量为 0。在倡议务实推进阶段，"tjk（塔吉克）"的相关报道共有 9 篇，占其该类报道量的 90%；"哈萨克斯坦资讯"的相关报道共有 35 篇，占其该类报道量的 81.4%；"乌兹别克环球零距离"的相关报道有 33 篇，都发布于这一阶段。如图 3-2 所示。

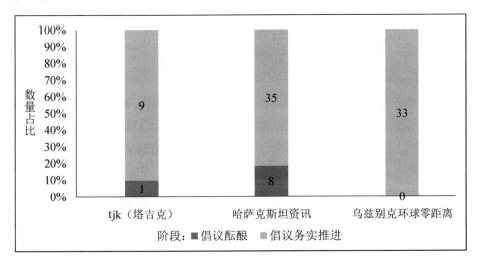

图 3-2 微信公众号中"一带一路"政策法规报道不同阶段数量占比

从报道趋势上看，"tjk（塔吉克）""哈萨克斯坦资讯"和"乌兹别克环球零距离"在"一带一路"倡议务实推进阶段的报道数量都远远多于其酝酿阶段的报道数量。这和三大微信公众号成立的时间有关。三大公众号成立的时间都在 2015 年 3 月、4 月之间，也就是《推动共建丝绸之路经济带和 21 世纪海上丝绸之路的愿景与行动》发布的前后。

二、报道形式

政府部门将政策法规信息传达给普通民众的途径之一是借助媒体。从政策法规出台到落实期间，媒体主要起发布、解读和评述的作用。媒体通过对政策法规的报道，可以及时公布政策法规信息；媒体报道对政策法规进行准确解读和评述，可以帮助读者正确理解政策法规内容，进而引导相关部门和民众的行动，对政策法规的最终贯彻落实起到推动作用。相较于经济建设、文化交流方面的报道，政策法规报道在形式上有其自身的特点，例如在新的政策法规刚刚出台时，为了使读者能对政策法规内容有较为直观的认识，媒体常常会将官方发布的政策法规文本作为一类报道进行发布。因此，从报道形式上来看，"一带一路"政策法规报道可分为文本性报道、解读性报道、评述性报道三类。

（一）网络媒体中政策法规报道不同形式比较分析

1. 文本性报道

文本性报道以报道政策法规文本信息为主。有的文本性报道是对政策法规原文的呈现，有的文本性报道则是在保持政策法规文本大意的同时增添了对政策法规内容的解释。例子如下：

（5）"一带一路"规划全文发布：基础设施建设优先（人民网，2015年9月21日）

（6）中国发布共建"一带一路"的"愿景与行动"（人民网，2015年3月28日）

（7）"一带一路"投资指南：马来西亚投资法律规则与实践（人民网，2015年9月10日）

例（5）报道了《推动共建丝绸之路经济带和21世纪海上丝绸之路的愿景与行动》的全文内容。例（5）报道标题较灵活，报道中添加了对政策法规文本信息的解释性内容。例（6）和例（7）报道的内容就是政府发布的政策法规文本的原文呈现。

文本性报道在三大网站的政策法规报道中占比都很小。人民网中文本性报道仅有54篇，占所有报道的1.9%，在倡议酝酿和倡议务实推进两个阶段中的数量分别有46篇和8篇；天山网中文本性报道仅有3篇，占所有报道的3.1%，在两个阶段中的数量分别为1篇和2篇；澎湃新闻中文本性报道仅有14篇，占所有报道的3.3%，在两个阶段中的数量分别为0篇和14篇。

2. 解读性报道

解读性报道是以新闻的视角用生动形象、通俗易懂的语言对政策、法律、法规条文所做的深度解读，它是新闻媒体向民众传达政府的方针政策的基本途径之一，新闻媒体在政策解读报道中充分发挥媒体的传播功能，及时回应民众所关注的社会热点问题（刘萍，2012）。例子如下：

（8）亚欧学者对"互联互通"看法不同（澎湃新闻，2014年7月23日）

（9）望海楼："一带一路"最大特点是包容（人民网，2015年3月30日）

以上两例报道了国外学者与媒体记者对"一带一路"倡议的看法和观点。

据统计，人民网中解读性报道共有2357篇，占所有相关报道的83.3%，在"一带一路"倡议酝酿与倡议务实推进两个阶段的报道数量分别为427篇和1930篇；天山网中解读性报道共有53篇，占所有相关报道的54.6%，在两个阶段的报道数量分别为12篇和41篇；澎湃新闻中解读性报道共有394篇，占所有相关报道的91.8%，在两个阶段的报道数量分别为128篇和266篇。

3. 评述性报道

我国"一带一路"倡议政策和相关法规出台以后，必然会引发国内外的大量评论，这种评论对政策法规本身的传播会产生一定的影响。从性质上划分，评述性报道可以分为积极肯定的、中性的以及消极负面的三类。例子如下：

（10）许宁宁："一带一路"对东盟共同体建设和RCEP谈判具积极意义"（人民网，2015年1月24日）

（11）南北车合并变中车：推广"一带一路"，或遭国际对手阻击（澎湃新闻，2014年12月31日）

例（10）中的"积极意义"的出现，使我们可以从标题用词中很容易地判断出文章积极肯定的态度倾向。例（11）中的"或"表达了作者对推广"一带一路"可能会出现的"遭国际对手阻击"的预测，其报道立场较为中性。

人民网中评述性报道共有417篇，占该媒体所有相关报道的14.7%，酝酿和务实报道两阶段的报道数量分别为94篇和323篇；天山网评述性报道共有41篇，占所有相关报道的42.3%，两阶段的报道数量分别为10篇和31篇；澎湃新闻的评述性报道共有21篇，占所有相关报道的4.9%，两阶段的报道数量分别为9篇和12篇。由此我们不难看出，评述性报道在以上三家网络媒体中，无论是在"一带一路"倡议酝酿阶段还是在务实推进阶段的报道数量和占比都不高，所占比例最高的是天山网的报道数量，为 42.3％。

图 3-3 反映了人民网、天山网以及澎湃新闻在政策法规报道形式选择上的倾向性。

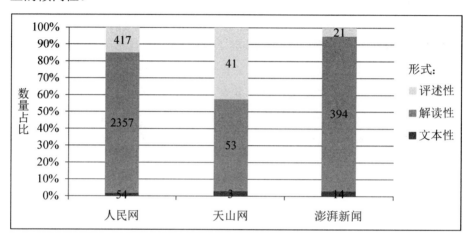

图 3-3　网络媒体中"一带一路"政策法规报道不同形式数量占比

从图 3-3 可以看出，三大网络媒体中解读性报道的占比都较高，特别是澎湃新闻的解读性报道达到了 90.0％以上。同时，文本性报道所占比例很低，在三家网络媒体报道数量中的占比均未超过 4.0％。与人民网和澎湃新闻相比，天山网评述性报道的比例较高，达到了 40.0％以上。

（二）微信公众号中政策法规报道不同形式比较分析

"tjk（塔吉克）"微信公众号中没有文本性报道和评述性报道，只有解读性报道，共有 10 篇。在"哈萨克斯坦资讯"中，解读性报道有 37 篇，所占比例为 86.0％；文本性报道有 4 篇，所占比例为 9.3％；评述性报道有 2 篇，所占比例为 4.7％。在"乌兹别克环球零距离"中，解读性报道有 28 篇，所占比例为 84.8％；评述性报道有 3 篇，所占比例为 9.1％；文本性报道有 2 篇，所占比例为 6.1％。具体统计结果如图 3-4 所示。

总体而言，无论是网络媒体还是微信公众号，在"一带一路"政策法规的报道中，都倾向于对政策法规进行解读。对政策法规进行解读，使专业、晦涩的政策法规信息变得通俗易懂，才会真正被民众所了解，才能深入人心，进而促进中国与"一带一路"沿线国家的交流、合作。

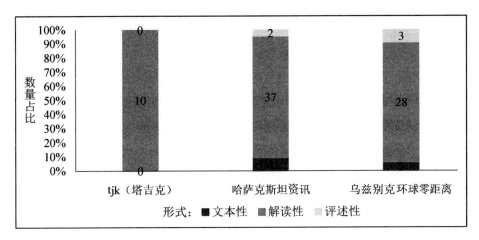

图3-4　微信公众号中"一带一路"政策法规报道不同形式数量占比

三、报道来源

（一）网络媒体中政策法规报道来源比较分析

报道来源是判断一篇新闻报道的真实性和权威性的重要标准，真实的报道来源体现一定的报道权威性，而权威的报道来源也可以在一定程度上体现报道的可信度（滕慧，2012）。对于政策法规的报道更是如此，每条新闻都会涉及众多的相关方面，例如国内政府部门、业内专家学者、国外政府官员和专家、国外媒体、国内其他媒体，以及新闻记者自身。记者在报道中使用哪些信息源，不使用哪些信息源，都体现出记者的报道立场。在通常情况下，为了保证报道的客观性与平衡性，记者往往会使用多个信息源。例子如下：

（12）政商学媒热议"一带一路"：共商共建共享（人民网，2015年3月29日）

（13）和你一起说透"一带一路"（人民网，2015年3月30日）

（14）俄学者：世界领袖角色开始转移，今年是"中国世纪"开端（澎湃新闻，2015年3月3日）

（15）外媒：只有中国有能力帮助"一带一路"沿线国家发展（人民网，2015年3月5日）

例（12）报道的消息主要来源于"政商学媒"，即政府部门、商界、学界和媒体界。例（13）虽为自采报道，但报道内容仍依赖于其他消息源。例（14）是"俄学者"即俄罗斯学者对"一带一路"倡议的解读。例（15）以"外媒"即国外媒体的报道为消息来源。

通过对人民网、天山网和澎湃新闻所刊载的"一带一路"政策法规报道的来源进行统计。统计结果如图3-5所示[①]。

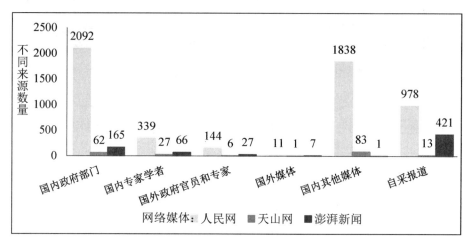

图3-5　网络媒体中"一带一路"政策法规报道来源

根据图3-5可知，源自国内政府部门的报道信息，人民网有2092篇，约占全部报道来源量的38.7%；天山网有62篇，占报道来源量的32.3%；澎湃新闻有165篇，占比为24.0%。源自国内专家学者的报道信息，人民网有339篇，占全部来源量的6.3%；天山网有27篇，占比为14.1%；澎湃新闻有66篇，占比为9.6%。源自国外政府官员和专家的报道信息，人民网有144，占全部报道的2.7%；天山网有6篇，占全部报道的3.1%；澎湃新闻有27篇，占全部报道的3.9%。源自国外媒体的报道信息，人民网有11篇，占全部报道的0.2%；天山网有1篇，占全部报道的0.5%；澎湃新闻有7篇，占全部报道的1.0%。转自国内其他媒体的报道信息，人民网有1838篇，占全部报道的34.0%；天山网有83篇，占全部报道的43.2%；澎湃新闻只有1篇，占全部报道的0.2%。此外，人民网另有18.1%

___

① 因为同一篇报道包含的不同信息可能有不同的来源，所以此处统计得出的信息来源数量多于实际报道的语篇数量。按照报道来源的不同统计，人民网的报道来源总量为5402个，天山网为192个，澎湃新闻为687个。

是自采报道；天山网有 6.8％为自采报道；澎湃新闻有 61.3％是自采报道。与人民网和天山网报道信息主要源自国内政府部门的情况不同，澎湃新闻关于"一带一路"政策法规的报道主要是通过自采这一渠道完成的。

（二）微信公众号中政策法规报道来源的比较分析

经考察，我们对微信公众号中有关"一带一路"政策法规报道的来源进行了统计，具体分析如图 3-6 所示。从报道来源上分析，"tjk（塔吉克）"微信公众号中有 9 篇是中塔文化交流中心①的自采报道，有 1 篇是转自国内媒体的报道。"哈萨克斯坦资讯"微信公众号中有 1 篇来自"霍尔果斯零距离"，有 2 篇转自国外媒体的报道，有 27 篇来自国内其他媒体的报道，还有 13 篇是自采报道。在"乌兹别克环球零距离"中，有 4 篇来自国内其他媒体的报道，有 29 篇是自采报道。

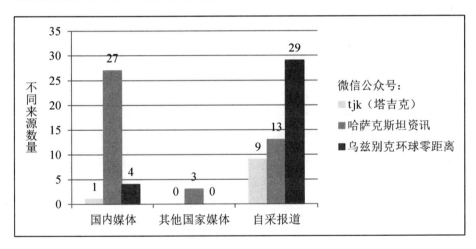

图 3-6　微信公众号中"一带一路"政策法规报道来源

由上图具体分析得出，网络媒体和微信公众号之间以及各自内部，在报道来源上都有一定的差异。如前所述，与人民网、天山网不同，澎湃新闻的自采报道占绝大多数；"tjk（塔吉克）"和"乌兹别克环球零距离"多数报道是自采报道，而"哈萨克斯坦资讯"中的新闻报道绝大多数都转自中国其他媒体。

---

① 该机构全称是兰州文理学院中塔文化研究与交流中心。

四、报道倾向性

（一）网络媒体中政策法规报道倾向性比较分析

新闻报道的倾向性，就是新闻传媒通过报道客观事实，企图给予受众的某种影响。这种影响包括政治影响、思想影响、道德情趣影响等（乌伊汉，2014）。我们前面所提到的报道的三种形式，除文本性报道外，绝大多数的解读性报道、评述性报道都具有倾向性，有些倾向性表现得很直接，有些倾向性表现得比较委婉，还有些报道仅仅是报道一件事情的发生或者只是向公众传递信息，没有什么倾向性。例子如下：

（16）"一带一路"造福沿线百姓（人民网，2015年3月29日）

（17）俄罗斯对"一带"态度由消极转积极，背后发生了什么（澎湃新闻，2015年3月30日）

（18）和你一起说透"一带一路"（人民网，2015年3月30日）

（19）"一带一路"投资政治风险研究之印度（人民网，2015年7月7日）

例（16）中"造福"一词的使用，使这篇报道态度明了，带有积极倾向。例（17）的倾向性相对委婉，文章报道了俄罗斯对"丝绸之路经济带"由最初的谨慎甚至是冷淡、质疑，到之后的高度评价、积极接受，态度发生了大转变。文章通过报道俄罗斯态度的转变进而表达新闻媒体的倾向性。例（18）和例（19）属于客观中性的报道，不涉及倾向性。

根据新闻报道倾向性的不同，可以将报道分为三类，即正面报道、客观中性报道和负面报道。

通过对人民网、天山网和澎湃新闻中的解读性报道和评述性报道进行统计，发现人民网中正面报道共2543篇，客观中性报道231篇，没有负面报道；天山网有79篇报道为正面报道，客观中性报道为15篇，没有负面报道；澎湃新闻中正面报道有43篇，客观中性报道有372篇，同样没有负面报道。和人民网、天山网相比，澎湃新闻的客观中性报道占比非常高，达到了89.6%。具体结构分析如图3-7所示[①]。

---

① 此处以三大网络媒体中解读性报道和评述性报道的总量计算百分比。人民网中有2774篇，天山网中有94篇，澎湃新闻中有415篇。

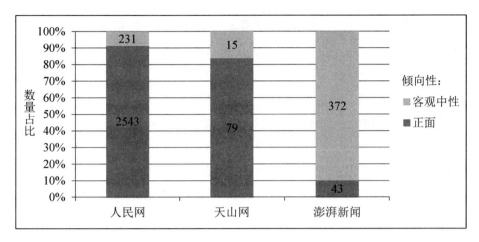

图 3-7 网络媒体中"一带一路"政策法规报道倾向性

根据图 3-7 可知，澎湃新闻与人民网、天山网相比，在报道倾向性上有很大的不同。澎湃新闻上线之前都是以微信公众平台的形式出现的，其报道形式与人民网、天山网等传统网络媒体的差异较大。

（二）微信公众号中政策法规报道倾向性比较分析

在"tjk（塔吉克）"微信公众号上全部的 10 篇报道中，只有 1 篇是正面报道，其余 9 篇均为客观中性的报道；"哈萨克斯坦资讯"发布了 39 篇有关政策解读和政策评述的报道，其中正面报道有 18 篇，其余 21 篇都是客观中性报道；"乌兹别克环球零距离"共有 31 篇有关政策解读和政策评述的报道，其中正面报道有 12 篇，其余 19 篇都是客观中性报道。具体统计结果如图 3-8 所示。

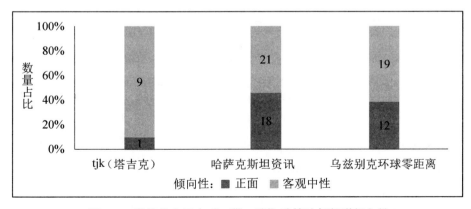

图 3-8 微信公众号中"一带一路"政策法规报道倾向性

从总体上看，微信公众号在报道形式上是客观中性报道多于正面报道的，其中"tjk（塔吉克）"的中性报道所占比例达到了90.0％。"哈萨克斯坦资讯"中中性报道占其全部报道的比例较高，达到了53.8％；"乌兹别克环球零距离"中中性报道占其全部报道的比例为61.3％。

（三）网络媒体和微信公众号政策法规报道倾向性对比

网络媒体和微信公众号的报道倾向性有很大不同，如前所述，在以人民网、天山网为代表的网络媒体中，正面报道占绝对优势，而微信公众号更倾向于客观中性报道。并且仅就客观中性报道来看，二者的区别也很明显，网络媒体中的中性报道大多是风险评估类报道。例子如下：

（20）周文重：推进"一带一路"面临地缘政治风险和国际金融风险（人民网，2015年3月11日）

（21）"一带一路"投资政治风险研究之印度（人民网，2015年7月7日）

例（20）和例（21）主要反映的是对"一带一路"倡议在推进过程中可能出现的各类风险的评估，报道较为客观真实。

此外，与网络媒体报道相比，有些微信公众号中的报道还体现了"一带一路"沿线国家对这一倡议和相应政策的态度。例子如下：

（22）"一带一路"倡议与国际回应（乌兹别克环球零距离，2015年10月7日）①

（23）福布斯：通过哈萨克斯坦看中国的"丝绸之路"政策（哈萨克斯坦资讯，2015年11月25日）

例（22）报道了当时中亚五国对"丝绸之路经济带"所持的怀疑态度以及"一带一路"倡议面临的主要问题。例（23）报道了作者亲至"一带一路"沿线国家，却感觉"丝绸之路"政策并未给自己留下深刻印象的案例。

近年来，随着网络技术的发展，民众获得信息的途径更加多元，即使主流媒体对有些新闻未能及时报道，民众仍然可以通过网络新媒体或自媒体获得相关方面的信息。因此，对于具有重要新闻价值的事件，新闻媒体需要在客观、全面、真实地了解情况的前提下，对事件进行及时报道，在

---

① 鉴于国家媒体报道中统一用"'一带一路'倡议"的说法，现将早期报道中的部分说法改为"'一带一路'倡议"。

履行媒体责任的同时，也会使民众对媒体新闻报道的倾向性有一定了解。用事实说话，是新闻媒体践行宣传职责的最基本要求。如果情况比较复杂，仅仅采用叙实的手法很难表明媒体的态度和倾向性，那么媒体通常会采用在叙实的基础上对事情加以解读的方式，或是通过撰写专题评论的方式进行报道。

五、政策法规报道中涉及的沿线国家及国内省市

（一）网络媒体政策法规报道中涉及的国家及国内地区

"一带一路"倡议初期主要涉及 60 多个国家和地区，无论是人民网、天山网还是澎湃新闻，对不同沿线国家专门报道的频次相差都很大。我们以人民网为例统计了媒体对不同国家和地区专门报道的频次。如表 3-1 所示。

表 3-1　人民网中涉及"一带一路"沿线国家和地区的报道频次统计

国家	频次	国家	频次	国家	频次	国家	频次
俄罗斯	31	日本	11	越南	4	蒙古	2
印度	27	英国	10	新西兰	4	韩国	1
巴基斯坦	25	印度尼西亚	9	以色列	3	荷兰	1
泰国	22	吉尔吉斯斯坦	9	澳大利亚	3	卢森堡	1
阿联酋	19	斯里兰卡	9	土库曼斯坦	3	菲律宾	1
埃及	16	意大利	9	东帝汶	3	文莱	1
马来西亚	16	老挝	9	阿富汗	3	芬兰	1
土耳其	16	尼泊尔	7	瑞典	3	摩洛哥	1
波兰	15	巴林	7	保加利亚	3	塞尔维亚	1
缅甸	15	匈牙利	7	克罗地亚	3	埃塞俄比亚	1
沙特	15	乌兹别克斯坦	6	约旦	3	罗马尼亚	1
德国	15	马尔代夫	6	科威特	2	格鲁吉亚	1
法国	12	黎巴嫩	6	卡塔尔	2		
柬埔寨	11	孟加拉国	4	捷克	2		
新加坡	11	比利时	4	南非	1		

根据表 3-1 可知，人民网共报道了 57 个沿线国家，其中报道次数较多的国家有东南亚的马来西亚、缅甸、泰国，西亚的土耳其、沙特、阿联酋，

非洲的埃及，南亚的印度、巴基斯坦，中亚的吉尔吉斯斯坦，欧洲的俄罗斯、波兰等；从报道的国家来看，涉及面较为广泛。

"一带一路"倡议及规划涉及的国内省级行政区域包括西北的新疆、陕西、甘肃、宁夏、青海、内蒙古；东北的黑龙江、吉林、辽宁；西南的云南、西藏、四川、重庆；沿海地区的上海、江苏、浙江、广东、山东、福建、海南等，以及港澳台地区；此外还有其他的省、自治区和直辖市，如河南、湖北、湖南、江西、安徽、广西、天津等。

人民网有关"一带一路"倡议相关政策的报道显示，中国有大部分省级行政区域都参与了"一带一路"的建设。报道涉及的地区和频次如表3-2所示。

表3-2　政策法规报道涉及的国内省、自治区和直辖市及地区频次统计

地区	频次	地区	频次	地区	频次	地区	频次
山东	49	甘肃	26	内蒙古	11	安徽	4
新疆	43	广西	23	青海	8	湖南	4
广东	38	四川	18	江西	8	河北	3
陕西	35	宁夏	14	贵州	8	山西	2
福建	30	重庆	12	天津	8	香港	71
江苏	28	东北三省	16	上海	7	澳门	22
云南	27	海南	11	湖北	6	台湾	35
浙江	26	河南	11	西藏	6		

（二）微信公众号政策法规报道中涉及的国家及国内地区

通过对文章进行统计发现，微信公众号政策法规报道涉及的国内地区包括新疆、河南、陕西、宁夏和云南。其中有关新疆的报道最多，共有 5篇；涉及的"一带一路"沿线国家有 20 个，分别是欧洲的德国、法国、英国、荷兰、瑞士、俄罗斯和摩尔多瓦，西亚的土耳其、伊朗，南亚的巴基斯坦、印度，东亚的日本、韩国、蒙古，中亚的哈萨克斯坦、乌兹别克斯坦、吉尔吉斯斯坦、土库曼斯坦以及北美的加拿大、美国[1]。

在"哈萨克斯坦资讯"微信公众号中，涉及的国内省、自治区和直辖

---

[1] 由于"一带一路"倡议刚提出时，所涉及的国家并不十分明晰，本书所研究的媒体报道中涉及的国家较多，包括后期的一些非沿线国家，本书的分析主要着眼于"一带一路"的理念。

市包括新疆、天津、上海、广东和黑龙江。其中有关新疆的报道最多，一共有6篇；其次是广东、上海和天津，各有3篇。有31篇报道涉及"一带一路"沿线13个国家，分别是欧洲的德国、法国、俄罗斯和白俄罗斯，西亚的土耳其、卡塔尔、阿拉伯联合酋长国，南亚的巴基斯坦、阿富汗，东亚的日本、韩国，中亚的哈萨克斯坦，以及北美的美国。其中有关俄罗斯和美国的报道最多，分别为10篇和6篇。

在"乌兹别克环球零距离"微信公众号中，报道涉及的国内省和直辖市包括甘肃、山东、江苏、陕西、河北、黑龙江、云南、重庆等。其中有关江苏的报道最多，一共有4篇；其次是有关甘肃和山东的报道，各有3篇。报道涉及了13个"一带一路"沿线国家，分别是欧洲的德国、法国、英国、俄罗斯和白俄罗斯，南亚的巴基斯坦、阿富汗，西亚的巴林，东亚的日本、韩国，中亚的哈萨克斯坦、塔吉克斯坦，以及北美的美国。

总体来看，这三个微信公众号以中国的视角进行报道的文章数量远远多于从其他国家的角度报道的数量，尤其是"哈萨克斯坦资讯"和"乌兹别克环球零距离"，其中大多是有关新疆的报道。

本节首先对"一带一路"政策法规报道现状，即目前的报道数量、报道走势、报道形式、报道来源、报道倾向性、报道覆盖的地域等情况进行了量化分析。从报道数量和报道走势上看，无论哪个媒体，其报道数量在务实推进阶段都明显高于酝酿阶段；从报道形式上看，解读性报道和评述性报道的数量占绝对优势；从报道来源上看，报道信息多来源于政府部门或相关专家学者，来自民众和外媒的声音很微弱；从报道倾向性上看，人民网、天山网等网络媒体的正面报道占绝对比例，澎湃新闻和微信公众号中的客观中性报道占比更高；从报道涉及的国内外地区出现频率看，无论是网络媒体还是微信公众号，对相关国家和地区的报道都有所侧重，并不是完全一致的。

第二节 "一带一路"经济新闻报道信息源数据分析

一、"一带一路"实际有效报道统计

本节分别选取了三个不同时间段三大网站的新闻语料,共计 1878 篇。其中,新华网时间设定为 2015 年 7 月 1 日至 12 月 24 日,共收集了 460 篇新闻;光明网时间设定为 2014 年 7 月 14 日至 2015 年 12 月 24 日,共收集了 718 篇新闻;天山网时间设定为 2015 年 6 月 16 日至 11 月 21 日,共收集了 700 篇新闻。

我们对各门户网站中关于"一带一路"的报道进行了筛选,剔除重复报道部分,统计出各门户网站的实际有效报道。其中新华网 328 篇,光明网 546 篇,天山网 523 篇,共 1397 篇。数据整理如表 3-3 所示。

表 3-3 三大网站"一带一路"报道总量与实际有效报道总量统计

数量及占比	网站			总计
	新华网	光明网	天山网	
实际有效报道总量/篇	328	546	523	1397
新闻报道总量/篇	460	718	700	1878
实际有效报道占比/%	71.3	76.0	74.7	74.4

从表 3-3 数据可以看出,三大网站对"一带一路"报道的实际有效性比例都较高。三大网站中,光明网"一带一路"相关报道的实际有效性最高,为 76.0%,天山网次之,为 74.7%,新华网最低,有效性为 71.3%。总体来看,三大网站新闻报道实际有效性为 74.4%。

二、"一带一路"经济新闻报道统计

经济新闻报道较其他报道量大且内容庞杂,需要去芜存菁。剔除了三大网站"一带一路"实际有效报道中非经济新闻领域的报道(如原始文化等方面的报道)和对关键词"一带一路"提及较少的报道,进而筛选出与

"一带一路"相关的经济新闻,我们在选取"经济新闻"时,选定了以下三项标准。

一是新闻标题或文本中应含有关键词"一带一路";二是新闻报道文本中关键词"一带一路"应至少提及两次;三是新闻报道文本中关于"一带一路"的报道涉及经济方面。由此筛选出"一带一路"经济新闻报道。数据整理如表3-4所示。

表3-4　三大网站"一带一路"经济新闻报道领域统计

数量及占比	网站			总计
	新华网	光明网	天山网	
实际有效报道总量/篇	328	546	523	1397
经济新闻报道/篇	278	493	117	888
济新闻报道占比/%	84.8	90.3	22.4	63.6

从表 3-4 数据可以看出,"一带一路"经济新闻报道具有以下两个特点。

第一,在有关"一带一路"的新闻报道中经济新闻占比较高。据统计,三大网站与"一带一路"相关的实际有效报道的总篇数为1397篇,其中经济新闻报道为888篇,所占比重为63.6%,在有关"一带一路"的新闻报道中占有较大的优势。

第二,三大网站关于"一带一路"经济新闻的文章所占比重不同。光明网经济新闻报道篇数为493篇,所占比重约为90.3%,是三大网站中有关"一带一路"的经济新闻报道最多的网站。新华网经济新闻篇数为 278 篇,所占比重约为84.8%,位居第二。天山网经济新闻篇数为117篇,所占比重为22.4%,天山网发布的有关"一带一路"的经济新闻在三大网站中数量最少。

三、经济新闻报道分类

经济新闻报道根据内容与经济领域的关联度可分为两类:一类是相关性报道;一类是提及性报道。

1. 相关性报道

相关性报道主要报道"一带一路"倡议指导下展开的经济活动,以"一带一路"为核心内容。例子如下：

（24）中国企业对"一带一路"沿线国家投资加速（天山网，2015 年
11 月 12 日）

（25）民企踊跃申报长江经济带产业基金（光明网，2015 年 12 月 24
日）

例（24）主要介绍中国企业对"一带一路"沿线国家的投资呈加速态
势，介绍投资的规模、领域等。例（25）主要报道的内容是京山轻机集团
在"一带一路"倡议的影响下申请产业基金，积极拓展海外市场，开展海
外并购等。

2. 提及性报道

提及性报道包括那些在介绍其他内容时对"一带一路"相关经济活动
有所涉及的报道。例子如下：

（26）海关总署：探索"互联网＋易通关、制度通关"等改革（新华
网，2015 年 12 月 24 日）

例（26）主要报道海关总署更主动、更积极地参与国际海关事务规则
的制定，实现"关通天下"，对于"一带一路"只是顺带提及。两类报道的
具体统计情况如表 3-5 所示。

表 3-5　三大网站两类经济新闻报道量化统计　　　　单位：篇

分类	网站		
	新华网	光明网	天山网
相关性报道	210	371	115
提及性报道	68	122	2
报道总量	278	493	117

从表 3-5 的数据可以看出，"一带一路"经济新闻中，相关性报道所占
比重较大，提及性报道比重较小。相关性报道在新华网、光明网、天山网
三大网站的比重分别约为 75.5%、75.3% 和 98.3%。这说明"一带一路"
作为一项国家政策，影响涉及方方面面：既有显性影响，即根据"一带一
路"倡议所实施的各项直接经济活动；也有隐性影响，即各企业、各部门
均积极响应"一带一路"倡议，抓住经济发展的有利时机，积极开展各类

经济活动。这也说明了"一带一路"倡议在经济建设方面的巨大发展潜力。

四、报道内容量化统计

通过对三大门户网站"一带一路"经济新闻进行的统计发现,三大网站关于"一带一路"经济领域会议的报道占比较高,主要包括经济论坛、工作会议等内容。例子如下:

(27)习近平同南非总统祖马共同主持中非合作论坛约翰内斯堡峰会全体会(新华网,2015 年 12 月 16 日)

(28)2016 全国民航工作会议暨航空安全工作会议召开(光明网,2015 年 12 月 24 日)

经过统计,各项会议所占比例如表 3-6 所示。

表 3-6 三大网站"一带一路"经济新闻会议报道量化统计

数量	网站		
	新华网	光明网	天山网
会议报道/篇	43	70	40
报道总量/篇	278	493	117
会议报道占比/%	15.5	14.2	34.2

从表 3-6 数据可以看出,"一带一路"经济新闻有很多都是对各类会议的报道,占经济新闻报道的比重较大,特别是天山网,比重达到了 34.2%,而新华网和光明网也分别达到了 15.5%和 14.2%。这说明,国家"一带一路"倡议在经济层面得到了各方的积极响应,各方在不同领域给予了高度重视。同时也说明,"一带一路"倡议自 2013 年提出至今,尚处于起步阶段。对于"一带一路"倡议的实施仍有很大的发展空间,各类经济会议的召开正是为了满足各地建设发展的需要。

表 3-7 是根据《国民经济行业分类》国家标准[①],通过对三大网站中典型的经济新闻报道做统计,按照不同领域做了量化分析。选取的报道共 304 篇,其中新华网 119 篇,光明网 105 篇,天山网 80 篇。具体分类统计

---

① 《国民经济行业分类》国家标准于 1984 年首次颁布,该标准由国家统计局起草,规定了全社会经济活动的分类与代码,分别于 1994、2002、2011、2017 年进行四次修订。本书根据 2011 年颁布实施的标准(GB/T 4754—2011)进行分类统计。

如表 3-7 所示。

表 3-7　三大网站"一带一路"经济新闻报道不同领域量化统计　单位：篇

分类	网站			总计
	新华网	光明网	天山网	
金融业	32	36	14	82
信息传输、软件和信息技术服务业	22	15	11	48
制造业	15	9	17	41
交通运输、仓储和邮政业	17	13	5	35
批发和零售业	8	11	7	26
农、林、牧、渔业	6	4	9	19
建筑业	3	5	11	19
电力、热力、燃气及水生产和供应业	5	5	3	13
住宿和餐饮业	6	4	2	12
房地产业	5	3	1	9
总计	119	105	80	304

　　从表 3-7 数据可以看出，三大网站"一带一路"经济新闻所涉及的领域是十分广泛的，几乎涵盖了经济建设的各个方面。经过分析发现，"一带一路"建设的推进在经济建设的某些领域，如金融投资、信息传输、制造加工、交通运输等是比较突出的，相较于经济建设的其他领域，这些领域开展的活动更多。同时，媒体对这几个领域也给予了更高的关注度，特别是金融投资领域的报道数量众多，约占报道总量的 27.0%。例子如下：

　　（29）上半年我国对"一带一路"沿线国家投资增长 22.2%（天山网，2015 年 7 月 22 日）

　　（30）福建海峡银行布局厦门　谋划两岸大金融生意（光明网，2015 年 12 月 24 日）

　　通过上述对报道领域的量化统计，现阶段经济新闻报道的特点主要包括以下两点。

　　第一，在"一带一路"建设的大背景下，与之相关的各类经济会议的报道在三大网站的经济新闻报道中占比都较高。以天山网为例，其关于经济会议的报道在经济新闻报道中占比高达 34.2%。

第二，"一带一路"经济新闻报道的领域广泛，既有新兴的互联网产业，也有基础的民生工程，但是报道频率差异较大，现阶段的热点主要在金融、电子信息以及制造等产业上。

五、报道所涉及国家的量化统计

众所周知，"一带一路"既是一项对外的政策，也是一项针对中国国内的政策。对外，加大与欧、亚国家的联系，通过中亚、东亚实现亚欧国家之间的互惠互通；对内，加大各地区、各领域的开发，实现国内各地区的共同发展。为此，我们以有关国外与国内经济新闻的报道为例，统计了两者的报道频度，结果如表3-8所示。

表3-8　三大网站"一带一路"经济新闻涉及国内、国外报道统计　　单位：篇

分类	网站		
	新华网	光明网	天山网
涉及国内的经济新闻	226	431	79
涉及国外的经济新闻	52	62	38
总计	278	493	117

从表3-8可以看出，通过对三大网站经济新闻涉及国内、国外的报道数量的对比，可以看出以下几点。

第一，虽然所占比重各不相同，但三大网站均以国内经济新闻报道为主。光明网关于国内经济新闻所占比重最大，其报道总篇数为493篇，国内经济新闻有431篇，比重高达87.4%；新华网其次，国内经济新闻为226篇，比重为81.3%；天山网最少，国内报道为79篇，比重约为67.5%。

第二，三大网站均涉及对国外的报道，其中，天山网此类报道占比较高，新华网和光明网中此类报道占比较低。天山网经济新闻总篇数为117篇，涉及国外的经济新闻为38篇，占比为32.5%；新华网居中，占比为18.7%；光明网涉及国外的报道为62篇，占比为12.6%，比重最小。

通过表3-8可以看出，自"一带一路"倡议提出以来，国家之间及国内各地区之间纷纷加强联系，开展合作，但就目前数据来看，相关报道主要集中在国内所开展的各类经济活动上，对于国外的报道较少。目前，我

们还无法判断这种情况的出现是由于"一带一路"尚处于起步阶段，国外相关领域的活动还没有大规模展开，还是由于各大网站在报道的选取角度上具有倾向性，更加重视国内部分的报道。不过值得注意的是，作为新疆地区门户网站的天山网，有关"一带一路"沿线国家经济活动报道的占比明显高于其他网站，这说明由于地理位置的优势，我国新疆与"一带一路"沿线国家和地区，特别是中亚、南亚的联系更加紧密，经济活动领域也更为广泛。

六、核心区量化统计

通过对三大网站的新闻进行分析，我们发现，"一带一路"倡议的影响已辐射全国各省、自治区、直辖市以及港澳台地区。我国推进"一带一路"建设，助推"走出去"战略，新疆、福建作为"一带一路"建设的核心区，其重要地位不言而喻。表 3-9 主要是对关于"一带一路"核心区相关经济新闻报道进行的数据统计。

表 3-9　三大网站关于"一带一路"核心区经济新闻报道量化统计 单位：篇

核心区	网站			总计
	新华网	光明网	天山网	
新疆	13	7	7	27
福建	2	8	1	11
总计	15	15	8	38

从表 3-9 可以看出，在三大网站 888 篇经济新闻报道中，关于核心区新疆的报道有 27 篇，关于核心区福建的报道有 11 篇，总计 38 篇，占比约 4.3％。根据统计结果可知，经济新闻报道对核心区的关注度远远不够。通过分析与核心区相关的经济新闻报道，可以看出核心区的重要地位主要是从以下几个方面凸显的。

首先，核心区地理位置优越，有着先天的优势。譬如，根据报道，不少新疆企业充分利用地缘优势"走出去"，与中亚各国的企业开展多边贸易，加快合作步伐。例子如下：

（31）"一带一路"产业联盟新疆正式启动（新华网，2015 年 9 月 7 日）

（32）新疆"电力丝绸之路"核心段地位日渐凸显（天山网，2015 年

10 月 11 日）

其次，"一带一路"倡议谋求中国与沿线国家和地区的共同发展，需要国内各个领域、各个地区的广泛参与与合作。根据相关报道可以看出，目前有不少内地企业选择核心区作为中转站，实施"走出去"战略，即国内部分投资并非直接和国外接轨，而是通过新疆、福建核心区作为中转与国外开展合作，从而更好地辐射到"一带一路"沿线国家和地区，这充分凸显了核心区的地位。例子如下：

（33）放大独特竞争优势　中行发力新疆"一带一路"建设（天山网，2015 年 10 月 1 日）

（34）山东企业抢滩喀什 积极对接"丝绸之路经济带"（天山网，2015 年 6 月 27 日）

根据对相关报道的统计分析不难看出，新疆、福建作为核心区的地位在新闻报道的内容中并没有直观地显现，而是通过与国内其他地区的联系，通过自身的支撑作用显现的。①

七、报道角度量化统计

（一）负面事件报道量化统计

"一带一路"经济新闻主要报道国内外与"一带一路"经济建设有关的内容，包括各项经济政策、金融投资、跨区域合作等。我们通过对所收集报道的分析发现，三大网站关于"一带一路"经济建设的新闻报道以积极正面事件的报道为主，很少有负面事件的报道。统计数据如表 3-10 所示。

表 3-10　三大网站"一带一路"经济建设负面事件报道量化统计　单位：篇

数量	网站		
	新华网	光明网	天山网
负面事件报道	5	1	0
全部报道总计	278	493	117

从表 3-10 可以看出三大网站"一带一路"经济新闻正面报道明显多

---

① 需要指出的是，就研究所收集的报道来看，核心区地位之所以没有得到凸显，可能是由于在研究初期选取语料时，仅以"一带一路"作为关键词对相关经济新闻报道进行筛选，而排除了"丝绸之路经济带""海上丝绸之路"等关键词，而后两种表述可能对核心区来说更具有针对性。

于负面报道。在天山网 117 篇经济新闻中没有出现对负面事件的报道，而光明网只有 1 篇，新华网有 5 篇。例子如下：

（35）逆转！万科安邦宣布"在一起" 宝能系改组万科目标恐难实现（新华网，2015 年 12 月 24 日）

（36）黎剑：中企投资印度最常见的难题和误解（新华网，2015 年 12 月 24 日）

（37）日媒：日本欲借力土耳其与中国争夺中亚市场（新华网，2015 年 12 月 17 日）

（38）美联储加息预期再度升温 QDII 额度开始紧张（新华网，2015 年 12 月 17 日）

（39）商务部：1—10 月进出口下降 8.5% 外贸下行压力加大（光明网，2015 年 11 月 17 日）

（40）城市工作会议划定多条红线 空城鬼城或将被遏止（新华网，2015 年 12 月 23 日）

通过上文可以看出，关于"一带一路"经济建设的负面事件报道非常少，原因有二：其一，"一带一路"是一项宏观政策，其主要目的是实现沿线国家在各个领域的合作共建和互利共赢，在此背景下展开的各项经济活动也是服务于此目的的，因此正面积极的报道是主流。其二，国外的一些对"一带一路"的误解主要是基于不同的立场而形成的，而国内新闻媒体对"一带一路"经济建设的关注主要集中于正面积极的消息，也是为了通过对正面积极消息的报道向国内外传递"一带一路"的正能量，在新闻传播上给予积极响应。

（二）报道来源量化统计

三大网站所发布的"一带一路"经济新闻报道的来源主要是各地方媒体和自己媒体采访，报道来源覆盖面较广，但是主要集中于国内媒体的报道，来自外媒的报道较少①。对三个网站新闻报道来源的数据统计如表 3-11 所示。

---

① 外媒报道主要是指国外媒体对"一带一路"经济活动的解读，一般在新闻标题上标注出来源，并不包括国内媒体对国外经济活动的解读。

表 3-11 三大网站"一带一路"经济新闻国内外媒体报道量化统计 单位：篇

分类	网站		
	新华网	光明网	天山网
国内媒体报道	274	493	117
外媒报道	4	0	0
总计	278	493	117

通过表 3-11 可以看出，三大网站关于"一带一路"经济新闻的报道主要来自国内媒体，而国外媒体的报道非常少，只有新华网发布了 4 条，分别为：

（41）印媒：郑州成为"一带一路"中心 连接中欧跨境交易（中国青年网，2015 年 12 月 24 日）

（42）日媒：日本欲借力土耳其与中国争夺中亚市场（中青在线，2015 年 12 月 17 日）

（43）外媒：中国和伊拉克建立战略伙伴关系（新华报业网，2015 年 12 月 24 日）

（44）外媒：日本欲借力土耳其与中国争夺中亚市场（中国石油新闻中心，2015 年 12 月 17 日）

三大网站关于"一带一路"经济新闻的报道主要来自国内媒体，一部分原因在于现阶段国内与"一带一路"相关的经济活动较多，因此国内报道较多，而外媒报道较少；还有一部分原因可能是由于目前国内媒体对外媒的相关报道尚缺乏足够重视。

八、篇幅量化统计

我们还对所收集的"一带一路"经济新闻报道的篇幅长度进行了统计，具体统计结果如图 3-9 所示。

从图 3-9 的统计来看，三大网站所发布的"一带一路"经济新闻报道的篇幅均较长，新华网报道字数主要集中于 500～1000 字和 1000～1500 字两个区间，光明网、天山网同样如此，天山网小于 500 字的报道所占比例居于末位。综上可以看出，"一带一路"经济新闻篇幅普遍较长，字符数集中于 500～1500 字的范围内，这与经济新闻的专业性和准确性是密不可分的，因为经济新闻在准确度上要求更高，对于报道的内容力求全面具体，所以报道篇幅一般较长。

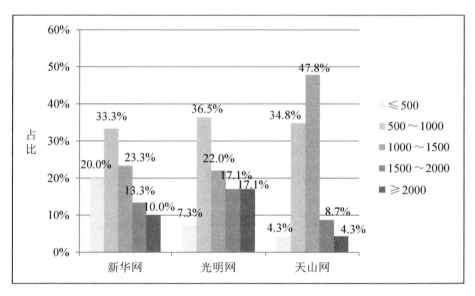

图 3-9　三大网站"一带一路"经济新闻报道篇幅量化统计

九、句子量化统计

（一）句类量化统计

陈述句的基本功能是陈述事件，交换信息。经济新闻的一个重要功能是向读者报道经济领域新近发生的经济事件，即提供某种信息。因此，经济新闻大量使用陈述句，"一带一路"经济新闻亦是如此。我们将收集的关于"一带一路"的经济新闻以篇为单位进行句类分析，统计各种句类出现的频次，具体结果如表 3-12 所示。

表 3-12　三大网站"一带一路"经济新闻句类频次量化统计

分类	网站		
	新华网	光明网	天山网
陈述句	6143	9192	2001
疑问句	50	112	33
感叹句和祈使句	14	1	6
总计	6207	9305	2040

从表 3-12 可以看出，三大网站"一带一路"经济新闻句类呈现如下特点。

第一，陈述句比重大。在新华网 6207 句中，陈述句为 6143 句，比重约为 99.0%；光明网次之，在 9305 句中陈述句占比约为 98.8%；天山网中陈述句占比约为 98.1%。三大网站"一带一路"经济新闻语篇中陈述句占比非常高。

第二，疑问句、感叹句和祈使句的比例很小，特别是感叹句和祈使句。疑问句在三大网站中比例分别为新华网 0.8%、光明网 1.2%、天山网 1.6%；感叹句和祈使句占比均低于 0.3%。

通过对三个网站"一带一路"经济新闻报道语篇句类运用情况的统计，可以很直观地发现，在这类新闻报道中陈述句的运用最为普遍，疑问句、感叹句和祈使句的比例很小。这与经济新闻"给予信息"的主要功能是相符的。"一带一路"视域下的经济新闻报道主要就是为了向受众更好更多地传播与"一带一路"相关的经济信息。此外，在报道中使用一定的疑问句主要是为了引起受众的思考，而祈使句和感叹句的运用一方面是为了突出报道的权威性，另一方面则是为了在一定程度上引起受众的共鸣。

（二）长短句量化统计

长短句是针对句子的结构和字数而言的，一般认为，结构复杂、字数多的句子就是长句，反之则是短句。施天权（1987）认为三四十字的句子就可以算作长句了。为求稳妥，我们在统计时将长句标准定在 40 个字以上，因此，下文所指的长句都是字数大于或等于 40 个字的句子。在已收集的"一带一路"经济新闻报道中，我们随机抽取了三大网站的各 30 篇报道进行长短句使用情况分析。统计结果如图 3-10 所示。

通过图 3-10 可以发现，"一带一路"经济新闻虽然长短句并用，但长句占比很高，在新华网中长句比例约为 73.9%，光明网约为 79.2%，天山网约为 83.3%。"一带一路"经济新闻主要以 40 字以上长句为主，短句较少，100 字以上长句在报道中也占有一定比例。因为长句的信息量更大，能够更准确严密地表述信息，所以更为符合经济新闻报道的客观性和专业性特点，满足其传递信息的要求。

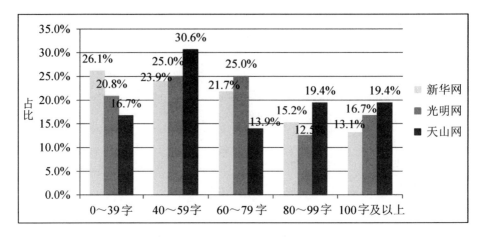

图 3-10　三大网站"一带一路"经济新闻长短句量化统计

第三节　"一带一路"文化交流新闻报道
信息源数据分析

　　本节选取了自 2014 年 1 月 1 日至 2016 年 3 月 10 日期间，人民网中《人民日报》及《人民日报》（海外版）关于"一带一路"文化交流的报道作为考察样本，分别按地域、主题、语篇长度、形象语言及报道语体进行量化分析，旨在从数据中发现问题，得出结论，总览"一带一路"文化交流新闻报道的重点，并力求据此为"一带一路"文化交流新闻报道的编写提供一些可行性建议。

一、按报道地域分布量化统计分析

（一）文化交流新闻报道分布量化统计总览

　　我们对报道涉及地区做了分析，以国内、国外为不同报道对象，对搜集的 204 篇新闻报道进行了统计。统计结果如图 3-11 所示。在此基础上按年度细分，情况如图 3-12 所示。

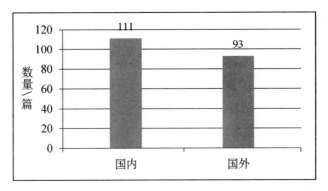

图 3-11 "一带一路"文化交流新闻报道地区数量统计

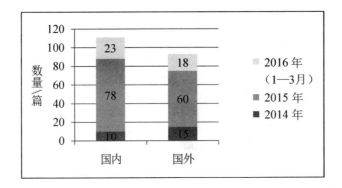

图 3-12 "一带一路"文化交流新闻报道地区分年度数量统计

根据图 3-11 可知,在人民网的"一带一路"文化交流新闻报道中,聚焦国内与聚焦国外的报道数量相差不大,在全部 204 篇报道中,聚焦国内的报道总数为 111 篇,而聚焦国外的报道数量为 93 篇。

由图 3-12 可得,2014 年 1 月至 2016 年 3 月,人民网关于"一带一路"文化交流的报道数量在不断增加,2014 年一整年,关于"一带一路"文化交流的报道总共只有 25 篇,而 2015 年,报道数量已上升至 138 篇,平均每三天就有一篇关于"一带一路"文化交流的报道出现在《人民日报》或《人民日报》(海外版)上;2016 年以来,在不到三个月的时间里,人民网上已发布了 41 篇文化交流方面的报道。这说明,文化交流在"一带一路"建设的推进中愈加重要,也说明国之交在于民相亲,民心相通是"一带一路"建设的基石,是政治、经济合作顺利开展的基础。如果没有广泛深入的文化交流,就无法了解彼此、增进信任,实现其他领域的互惠互利。

（二）世界视野量化分析

1. 世界大洲量化分析

人民网"一带一路"文化交流新闻报道（2014 年 1 月 1 日至 2016 年 3 月 10 日）中，聚焦于国外的报道量不在少数，约占报道总量的 45.6%，其中主要涉及某一大洲的报道共计有 72 篇，约占聚焦国外报道总量的 77.4%。[①]具体分析如图 3-13 所示。

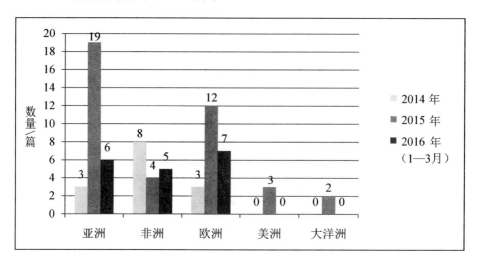

图 3-13　人民网"一带一路"文化交流新闻聚焦国外各洲报道数量统计

由图 3-13 可以得出以下结论。

第一，报道主要集中在亚洲、欧洲和非洲，美洲及大洋洲鲜有涉及，只在 2015 年内有个别报道。聚焦亚洲的报道总数有 28 篇，占涉及各大洲报道总量的 38.9%；聚焦欧洲的报道数量有 22 篇，占报道总量的 30.6%；聚焦非洲的共有 17 篇，占报道总量的 23.6%。由此可知"一带一路"文化交流新闻报道主要还是集中在"一带一路"沿线国家，并且不仅仅限于亚洲和欧洲，对非洲的报道数量也不少。

第二，从报道年份看，2015 年的新闻报道数量明显比 2014 年多；2016 年由于只统计到 3 月 10 日，所以数量不及 2015 年，但可以看到在 2016

---

① 因为有些聚焦海外的报道并不是针对某一大洲进行的，例如《国际汉学研究聚焦 汉学与当代中国》（2015 年 10 月 28 日）、《"中国故事"走出国门 影视佳作海外热播》（2015 年 12 月 29 日）等都不是针对某一大洲国家所做的报道，所以这部分的统计数量少于境外报道的统计数量。

年不到三个月的时间里，报道数量比 2014 年全年的数量还多。根据不同年份报道数量的变化可知，"一带一路"建设的发展逐渐掀起了沿线国家文化交流的热潮，大洲与大洲之间的交流更加频繁，从而更好地促进全球的合作发展。

2. 亚洲区域量化分析

由图 3-13 可知，亚洲是"一带一路"文化交流新闻报道的热点地区，也是我国所处的大洲，是与我们邻近国家的所在地。我们与亚洲邻近国家文化交流密切与否，取决于我们能否真正践行"丝绸之路"精神，使丝路焕发新生。因此，对亚洲的报道进行专门统计很有必要，具体分析如图 3-14 所示。

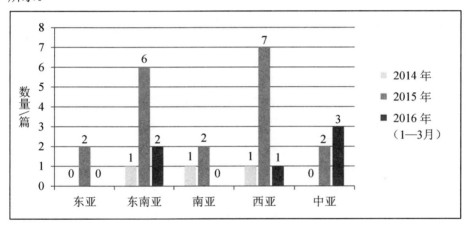

图 3-14　聚焦亚洲报道量化统计分析

由图 3-14 可以得出以下结论。

第一，亚洲"一带一路"文化交流新闻报道主要集中在中国与西亚和东南亚的交流上。其中，对东南亚和西亚的报道数量相同，各有 9 篇，分别占亚洲报道总量的 32.1%。相比之下，有关东亚以及中亚的报道相对较少。

第二，对于中亚的报道数量在 2014 年到 2016 年之间呈不断上升的趋势，说明中亚五国在"一带一路"建设中的重要地位日趋凸显。

（三）以国家为单位的量化统计分析

"一带一路"文化交流新闻报道涉及沿线许多国家，表 3-13 是对人民网"一带一路"文化交流新闻报道中相关国家出现频次的统计。由此可以看出"一带一路"文化交流活动涉及国家（除中国外）范围以及侧重点。

表 3-13 "一带一路"文化交流新闻报道主要涉及的国家　　　单位：次

国家	韩国	印度	日本	俄罗斯	巴基斯坦	马来西亚	泰国	德国	奥地利	意大利
频次	16	14	10	10	8	8	7	7	6	6
国家	南非	伊朗	土耳其	法国	埃及	斯里兰卡	英国	波兰	新加坡	美国
频次	6	6	6	5	5	5	5	5	4	4
国家	哈萨克斯坦	尼日利亚	越南	沙特阿拉伯	印度尼西亚	澳大利亚	希腊	也门	比利时	柬埔寨
频次	4	4	4	4	4	4	3	3	3	3
国家	乌兹别克斯坦	孟加拉国	摩洛哥	坦桑尼亚	加拿大	塞拉利昂	约旦	老挝	巴林	以色列
频次	2	2	2	2	2	1	1	1	1	1
国家	吉尔吉斯斯坦	罗马尼亚	阿富汗	阿塞拜疆	亚美尼亚	玻利维亚	蒙古	瑞士	马耳他	伊拉克
频次	1	1	1	1	1	1	1	1	1	1
国家	塔吉克斯坦	尼泊尔	黎巴嫩	西班牙	新西兰	厄瓜多尔	巴西	缅甸		
频次	1	1	1	1	1	1	1	1		

　　据统计，在收集的文化交流新闻报道中，除中国外，共出现了 58 个国家，有一些国家出现频率较高，如韩国、印度、日本、俄罗斯等。可以看出，在"一带一路"倡议影响下，中国虽然与沿线很多国家有文化交流，但是也表现出了一定的倾向性，有 23 个国家在两年多的报道中只出现过 1 次。不过需要注意的是，出现频率高并不意味着针对这些国家的专题报道多。同时，通过对报道的分析发现，不少涉及国外的报道是以地区或某一组织为单位展开的，前者如东南亚、南亚、中亚（五国）、中东等，后者如东盟、阿盟、欧盟等，其中专有名词"阿拉伯"在这类报道中出现得最多，累计超过了 20 次。

（四）以省、自治区、直辖市为单位量化统计分析

1. 国内文化交流新闻报道数量总览

通过统计 2014 年 1 月 1 日至 2016 年 3 月 10 日人民网"一带一路"文

化交流新闻报道涉及的省、自治区和直辖市发现，文化交流新闻报道主要围绕处于"一带一路"节点位置的地区展开，具有很强的倾向性。具体统计结果如表 3-14 所示。

表3-14　国内相关省份文化交流新闻报道数量统计　　　单位：篇

省份	北京	陕西	新疆	上海	福建	云南	甘肃	广东	山东	宁夏
数量	14	14	10	8	8	7	6	6	6	5
省份	浙江	江苏	广西	四川	重庆	湖北	黑龙江	河南	江西	内蒙古
数量	5	4	3	3	2	1	1	1	1	1
省份	西藏	香港	澳门							
数量	1	1	1							

通过表 3-14，可知"一带一路"文化交流新闻报道涉及全国 23 个省份，超过 34 个省级行政区域的五分之三，其中，针对北京、陕西、新疆、上海、福建等省份的报道数量排名靠前。可以说，在"一带一路"倡议的背景下，全国各地都在积极参与、努力配合，希望能够搭上"一带一路"建设发展的快车。"一带一路"倡议拉动了国内各省份与世界的文化交流，更促进了世界对中国的了解，同时也是时代发展的良好机遇。

2. 重点省份文化交流新闻报道量化分析

"一带一路"文化交流新闻报道在国内主要集中在北京、陕西、新疆、上海、福建、云南、甘肃、山东、宁夏等地。"一带一路"带动了沿线省份与国外的文化交流沟通，促进了重点省份的发展，给这些省份带来了极大的发展机遇。具体统计结果如图 3-15 所示。

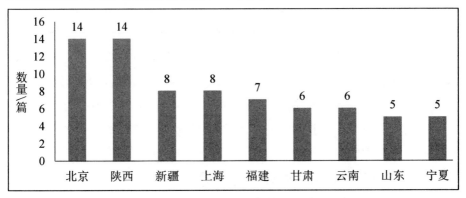

图3-15　"一带一路"文化交流新闻报道国内重点省份报道数量统计

由图 3-15 可得出以下结论。

第一，"一带一路"国内文化交流新闻报道集中在"丝绸之路经济带"和"21 世纪海上丝绸之路"沿线重点地区。其中，北京和陕西的报道数量最多，其次是新疆、上海、福建。

第二，对于"丝绸之路经济带"沿线的报道多于对"21 世纪海上丝绸之路"沿线的报道。北京、陕西、甘肃、宁夏、新疆等"丝绸之路经济带"沿线省份，文化交流新闻报道总计有 47 篇。而山东、上海、福建、云南等"21 世纪海上丝绸之路"沿线省份，文化交流新闻报道总计有 26 篇，相当于"丝绸之路经济带"报道数量的一半。

二、按主题量化统计分析

"一带一路"文化交流新闻报道内容丰富，主题多样，通过对主题的统计分析，可以看出目前"一带一路"文化交流活动的热点及发展方向。

（一）文化交流活动主题总览

以下是对 204 篇文化交流新闻报道的主题的分类统计，具体统计结果如表 3-15 所示。

表 3-15　文化交流活动报道按主题数量统计　　　　单位：篇

主题	博览会	艺术节	论坛	研讨会	外事访问	歌舞剧	书画展	汉语课程	大使随笔
数量	28	21	19	17	11	11	9	8	8
主题	文化遗产	华侨交流	电影	文化节	电视	书籍	瓷器	春节	音乐
数量	7	7	7	7	6	4	4	4	4
主题	文学	茶艺	创新	诗歌	访谈	旗袍	杂技		
数量	3	3	2	2	2	1	1		

从报道主题量化统计看，文化交流新闻报道常围绕博览会、艺术节、研讨会、论坛等主题展开。相比较而言，对于歌舞剧、书画展、汉语课程、电影、电视、书籍等的报道较多，而对于茶艺、诗歌、旗袍、访谈、杂技等的专题报道较少。通过报道不难看出现阶段"一带一路"文化交流的热点以及文化报道的重点。

（二）文化交流新闻报道主题的发展变化

通过对 2014 年 1 月 1 日至 2016 年 3 月 10 日"一带一路"文化交流

新闻报道主题的量化统计，可以看出两年间"一带一路"文化交流新闻报道的发展过程与变化趋势。具体统计结果如图3-16、图3-17、图3-18所示。

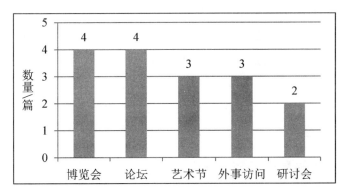

图 3-16 2014 年文化交流新闻报道主题统计

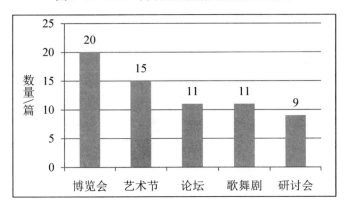

图 3-17 2015 年文化交流新闻报道主题统计

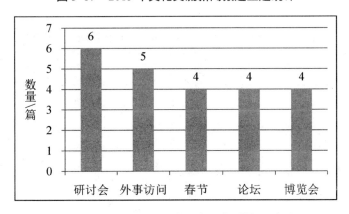

图 3-18 2016 年文化交流新闻报道主题统计

从以上三幅图可以看出，2014 年 1 月 1 日到 2016 年 3 月 10 日，文化交流新闻报道的重点在不断发生变化。2014 年有关"一带一路"文化交流的新闻报道开始兴起，报道内容多涉及博览会、研讨会、论坛等涵盖面广、新闻报道性强的主题；2015 年有关"一带一路"文化交流新闻报道数量排在前面的主题出现了艺术性强、表现力强的歌舞剧；再到 2016 年伊始，报道主题与生活接轨，出现了春节报道等和与普通百姓生活息息相关的内容。随着时间的不断推进，文化交流新闻报道的主题在不断发生变化，不断向艺术性强、具有亲和力、生活气息浓、深入民心相通的方向发展。

三、按篇幅量化统计分析

按照文化交流新闻报道在《人民日报》及《人民日报》（海外版）头四版出现与否，我们将报道分为"出现"及"未出现"两类。在"出现"类中，又按照语篇长短，分为长报道及短消息两类形式的报道。具体数据如图 3-19、图 3-20 所示。

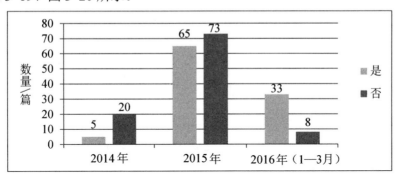

图 3-19　文化交流新闻报道是否出现在头四版情况统计

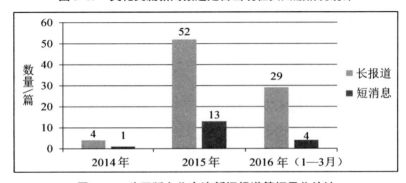

图 3-20　头四版文化交流新闻报道篇幅量化统计

如图 3-20 所示，"一带一路"文化交流新闻报道中，长报道的数量远远多于短消息的数量，出现在《人民日报》以及《人民日报》（海外版）头四版中的文化交流新闻报道大多数为长报道，字数在 1000 字以上，而短消息形式的报道三年一共才出现 18 条。图 3-19 表明，随着"一带一路"倡议的推进，出现在头四版的文化交流新闻报道日益增多，2016 年 1—3 月，文化交流新闻报道在头四版出现的数量超过了未在头四版出现的数量。而从总量上看，在头四版出现的报道总数为 103 篇，这一数字也略高于未出现在头四版的报道数量。从这点可以看出"一带一路"文化交流新闻报道重要性的提升，也从侧面反映出文化交流活动对于"一带一路"民心相通的重要作用。

从长报道与短消息的区别看，长报道要求通过具体的人和事物反映现实生活。相对于短消息而言，长报道一般需要细节描写，往往还要有作者的评论，所以篇幅更长，而时效性通常没有短消息强。短消息一般要求在事件发生后的第一时间发布，所以在时效性、概括性等方面要求更高，不追求细节，篇幅较短。由图 3-20 可知，人民网 2014 年 1 月 1 日至 2016 年 3 月 10 日头四版出现的 103 篇"一带一路"文化交流新闻报道中，长报道所占比例约为 82.5%，短消息约为 17.5%，文化交流新闻报道中长报道所占比重远远大于短消息。由此可以看出，人民网中"一带一路"文化交流新闻报道多数为长报道，长报道并不追求时间上的高效，在事件发生后，通常需要一个充分的展示过程，或等事件发展到有一定阶段性成果后再进行报道，重点在于描述细节，全面深入地反映事件本质，这主要是为了沟通情感，为民心相通铺路。

四、按形象语言量化统计分析

文化交流新闻报道不同于其他领域的报道，为了能够更加真切地表情达意，文化交流新闻报道较其他报道会更多地采用形象语言，如在报道中运用图片、视频等形式。我们统计了 2014 年 1 月 1 日至 2016 年 3 月 10 日"一带一路"文化交流新闻报道中形象语言的使用情况。如图 3-21 所示。

由图 3-21 可知，从 2014 年至 2015 年之间的有关文化交流的报道来看，含有形象语言的文化交流新闻报道数量日益增多，且在 2016 年 1 月至

3月出现了与不含形象语言的报道数量基本持平的情况。可见,"一带一路"文化交流新闻报道越来越重视情感的传递,而不仅仅是固守新闻报道客观性色彩的要求,这类报道中更多地加入了积极、全面的因素,且加入了辅助传递感情的图片、视频等。从这点也可以看出,"一带一路"文化交流新闻报道的形式不断推陈出新,为全面展示文化交流情况,打破地域、文化上的壁垒,实现民心相通做着自己的努力。

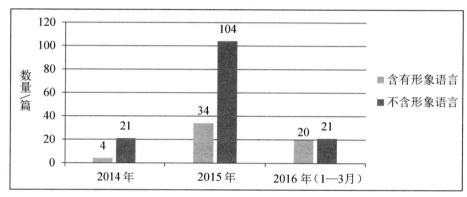

图 3-21　文化交流新闻报道形象语言使用情况统计

五、按报道类型量化统计分析

根据对人民网上的 204 篇"一带一路"文化交流新闻报道的分析,可将"一带一路"文化交流新闻报道分为采访性报道、介绍性报道以及评价性报道三大类。具体分析如图 3-22 所示。

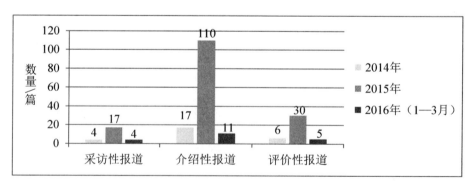

图 3-22　三类文化交流新闻报道统计

根据图 3-22 可知,2014 年全年,人民网中的采访性报道有 4 篇,介绍性报道有 17 篇，评价性报道有 6 篇，共计 27 篇。2015 年全年，人民网中的采访性报道有 17 篇，介绍性报道有 110 篇，评价性报道有 30 篇，共计 157 篇。2016 年 1 月至 3 月，人民网中的采访性报道有 4 篇，介绍性报道有 11 篇，评价性报道有 5 篇，共计 20 篇。不难看出，有关"一带一路"的文化交流新闻报道在逐年增加，且文化交流新闻报道以介绍性报道为主，对某一项文化展示活动，多用介绍性报道来呈现。采访性报道主要是针对个人进行访问。在介绍性报道中，除介绍事件外，不少报道也会呈现参与其中的个人对于该文化展示活动的评价或感受。因此介绍性报道和采访性报道并不是完全分离的。评价性报道主要指对文化交流事件过程与影响做出评价的报道。

第四节 "一带一路"旅游新闻报道信息源数据分析

本节对 2015 年 3 月 1 日至 2016 年 1 月 6 日这一期间的具有代表性的官方媒体新华网、光明网、中新网、天山网，门户网站搜狐网以及新兴的自媒体微信公众号的旅游报道进行了数据统计，进而分析了"一带一路"旅游新闻报道的特点，总结倾向性规律，并提出提高旅游报道受众量的策略。

我们统计了 2015 年 3 月 1 日至 2016 年 1 月 6 日这一时间段内新华网、光明网、中新网、搜狐网及天山网中"一带一路"新闻报道的篇数及其中旅游新闻报道的篇数。如表 3-16 所示。

表 3-16 媒体旅游新闻报道数据统计

网站	报道篇数		"一带一路"旅游新闻报道占总数比例/%
	"一带一路"新闻报道	"一带一路"旅游新闻报道	
新华网	4610000	78600	1.7
光明网	18105	4448	24.6
中新网	13473	2150	16.0
搜狐网	328900	23759	7.2
天山网	170	15	8.8

从统计数据可以看出，媒体关于"一带一路"的新闻报道数量庞大。随着"一带一路"的推进，报道篇数不断增加，体现了新闻报道上与国家宏观战略相互关联的特点。但其中关于旅游新闻的篇数，总体上所占比例不多：光明网中所占比例最大，接近四分之一；中新网次之，达 16.0%；天山网中约占 8.8%；搜狐网中约占 7.2%；新华网中所占比重仅为 1.7%。经分析可知，旅游新闻报道所涉及的国家和地区数量多、分布广，包括"一带一路"沿线上多个国家和地区，也包括了其他非沿线国家和地区。

王涛（2015）指出，旅游新闻要具有真实性、引导性、服务性、宣传性等特点，需要达到受众人数最多的效果。媒体旅游语言将旅游报道衔接起来，给受众展现出了一幅幅美丽的画面，或者提供了一些建议和策略。

为了更好地研究"一带一路"旅游新闻报道语言的特点，我们选取了具有代表性的官方媒体客户端光明网、门户网站客户端搜狐网、新兴的自媒体客户端微信公众号三类客户端的旅游新闻报道进行了数量统计。统计的对象为光明网境外游报道、搜狐网境外游报道和一些"一带一路"沿线国家的微信公众号①所发的旅游新闻报道文章，并在此基础上重点研究"一带一路"政策实施以来旅游报道语言的特点。

语料的时间段为 2015 年 3 月 1 日至 2016 年 1 月 6 日。三类媒体旅游新闻报道篇数数据统计如表 3-17 所示。

表 3-17　三类媒体客户端旅游新闻报道篇数统计

客户端	旅游新闻报道篇数
光明网	500
搜狐网	430
"一带一路"沿线国家微信公众号	623

以下从内容分类、国家和地区分布、语篇长短、报道角度这四个方面进行量化分析。

---

① 包括"哈萨克斯坦资讯""吉尔吉斯斯坦资讯""乌兹别克斯坦资讯""土耳其不土""这里是巴基斯坦""塔吉克环球零距离""中央欧亚通讯""土库曼斯坦环球零距离"等共 8 个微信公众号。后文为叙述简洁，将这 8 个微信公众号作为一个整体来与其他客户端进行对比研究。

一、报道内容分类量化统计

我们收集的旅游新闻报道,按照不同旅游景观内容可分为以下几个方面,即有关国家的自然景观介绍,人文景观介绍,历史景观介绍,民俗文化介绍以及其他有关酒店、餐饮、消费、签证、交通等的介绍。这里所说的自然景观包括高山、极地、热带雨林及各类自然保护区等;人文景观是在自然景观的基础上,叠加了文化特质而构成的景观,如服饰、建筑、音乐等;历史景观特指具有历史价值的遗迹景观;民俗文化涉及一个国家或地区的文化传统和历史风俗;此外还有涉及酒店、餐饮、消费、签证、交通等与旅游相关的报道。对报道内容的量化分析不仅能够从宏观上把握"一带一路"倡议背景下媒体对世界上不同国家和地区不同景观的介绍情况,还能够根据其分类发现问题、解决问题,以便发挥语言研究服务社会的作用。

(一)光明网 "一带一路" 旅游新闻报道内容分类统计

自 2015 年 3 月 1 日至 2016 年 1 月 6 日,光明网境外游报道共有 500 篇,其中文本介绍与旅游无关的有 60 篇,重复报道有 18 篇。与旅游相关的报道中,消极性报道有 11 篇,主要报道中国的有 65 篇。除去以上 154 篇后,剩下的 346 篇均是与境外不同国家相关的旅游新闻报道。报道涉及不同国家的不同景点及其旅游项目,包括自然景观、人文景观、历史景观、民俗文化及其他方面(如酒店、餐饮、消费、签证、交通等)。每个类别的数量和所占比例如表 3-18 所示。

表 3-18 光明网旅游新闻报道内容分类统计

类别	数量/篇	所占比例/%
自然景观	110	31.8
人文景观	90	26.0
历史景观	29	8.4
民俗文化	28	8.1
其他	89	25.7
总计	346	100

根据数据统计分析可知,境外游关于自然、人文景观的报道占比接近 60%;关于历史景观和民俗文化的报道占比 16.5%;其他方面的报道所占

比例为25.7%。旅游新闻既要面向游客，为游客旅行方便着想，同时还要紧紧抓住时代热点，捕捉游客所关心的热点问题。数据统计可以反映出，现阶段我国国民境外游的主要关注点在自然景观和人文景观上，对境外地区历史和文化缺乏兴趣。旅游新闻报道应具有真实性、引导性、服务性、宣传性等特点，随着"一带一路"倡议的实施和"一带一路"建设推进，旅游新闻报道也应与时俱进，彰显自己的魅力，更好地发挥旅游连接世界、促进文化交流的作用。因此建议在旅游新闻报道中，适当加大对旅游历史景观和民俗文化的报道。

（二）搜狐网"一带一路"旅游新闻报道内容分类统计

搜狐新闻旅游篇境外游报道有430篇，其中文本内容与旅游无关的有18篇，除去这些无关报道后，剩下的内容与旅游相关的新闻报道共有412篇。每个类别的数量和所占比例如表3-19所示。

表3-19　搜狐网旅游新闻报道内容分类统计

类别	数量/篇	所占比例/%
自然景观	72	17.5
人文景观	171	41.5
历史景观	68	16.5
民俗文化	25	6.1
其他	76	18.4
总计	412	100

根据数据分析，搜狐网境外游关于人文景观的报道比例达41.5%；有关自然景观、历史景观报道的数目较接近，所占比例相差不大；关于民俗文化的报道比例仅占6.1%；其他报道所占比例为18.4%。可见搜狐网对历史遗迹、民俗文化的报道数量远远低于对自然和人文景观的报道数量。

（三）微信公众号"一带一路"旅游新闻报道内容分类统计

通过对2015年3月1日至2016年1月6日期间与"一带一路"相关的8个微信公众号中的新闻报道的数据统计，发现共有新闻报道2806篇，其中内容与旅游相关的新闻报道有623篇，所占比例约为22.2%。各微信公众号的数据统计如表3-20所示。

表 3-20　微信公众号旅游新闻报道数量统计

微信公众号	报道总数/篇	旅游新闻报道数量/篇	所占比例/%
哈萨克斯坦资讯	554	20	3.6
吉尔吉斯斯坦资讯	430	10	2.3
乌兹别克斯坦资讯	383	6	1.6
土耳其不土	560	528	94.3
这里是巴基斯坦	52	21	40.4
塔吉克环球零距离	629	34	5.4
中央欧亚通讯	100	0	0
土库曼斯坦环球零距离	98	4	4.1
总计	2806	623	22.2

　　从数据统计可以看出，各公众号新闻报道的篇数差别很大，有关旅游新闻的报道也是极不均衡的。"土耳其不土"公众号所报道的与旅游相关的新闻最多，比例高达94.3%；其次是"这里是巴基斯坦"公众号，占40.4%；接下来是"塔吉克环球零距离""土库曼斯坦环球零距离""哈萨克斯坦资讯""吉尔吉斯斯坦资讯""乌兹别克斯坦资讯"；在"中央欧亚通讯"里没有发现一篇与旅游相关的新闻。

　　总体来说，在所涉及的公众号中，除"土耳其不土"外，其他公众号涉及的旅游方面报道不是很多，主要内容一般为对该国家的国情、风俗习惯、乡土人情、旅游自然景观及人文景观等诸多方面的介绍。在这8个公众号中，内容编排都有鲜明的特色，倾向性比较明显。例如，"土耳其不土"发布的大部分内容均与旅游相关，占比高达94.3%，而"中央欧亚通讯"中则基本没有与旅游相关的内容。微信公众号所发布消息形式多样，有音频、视频、文字等；内容驳杂，有政治、经济、文化、旅游、奇闻逸事等等；语言使用活泼生动，有字母词、网络流行语等等。

　　为了更深入地研究"一带一路"沿线国家和地区微信公众号中有关旅游报道的新闻，我们随机选取了130篇进行内容分类统计，结果如表3-21所示。

　　通过对数据的统计分析可以发现，这些旅游新闻报道对相关国家的景观介绍主要集中在人文景观上，比例高达38.5%；自然景观介绍占11.5%；历史景观和民俗文化介绍的比例分别为5.4%和17.7%。在"一带一路"

建设不断推进的过程上，我们需要加强对这些国家的了解，特别是历史和文化风俗的了解。因此，在旅游新闻中，加强对历史及文化风俗的新闻报道是十分必要的。

表 3-21 微信公众号旅游新闻报道内容分类统计

类别	数量/篇	所占比例/%
自然景观	15	11.5
人文景观	50	38.5
历史景观	7	5.4
民俗文化	23	17.7
其他	35	26.9
总计	130	100

下面我们对上述三类媒体旅游报道内容分类情况的统计数据进行整合，结果如表 3-22 所示。

表 3-22 三类媒体旅游新闻报道内容分类统计

类别	数量/篇	所占比例/%
自然景观	191	21.5
人文景观	317	35.7
历史遗迹	104	11.7
民俗文化	76	8.6
其他	200	22.5
总计	888	100

通过以上数据我们不难发现，三类媒体光明网、搜狐网、"一带一路"沿线国家微信公众号的旅游新闻报道内容，主要集中在自然和人文景观上，比例超过 50%。相对而言，对历史景观、民俗文化的报道偏少，仅有 20.3%。这种不同内容类别报道分布不均的现象，应当引起媒体足够的注意。

二、报道国家和地区量化分析

（一）世界各大洲分布情况统计

在我们统计的语料中，除了部分微信公众号只涉及某个国家，搜狐网、光明网的旅游新闻报道涉及的国家和地区，主要集中在东盟各国和印度、尼泊尔、俄罗斯、乌克兰、土耳其、埃及等国家，其中涉及东盟国家的新闻报道多达 50 篇；涉及其他国家的包括乌克兰和俄罗斯共 10 篇，印度和尼泊尔共 6 篇；关于中亚及周边一些国家的新闻却很少。在境外游报道中，涉及美国、日本、韩国、英国、法国的新闻很多，在光明网搜集的报道中，与美国相关的旅游新闻多达 42 篇，与日韩相关的旅游新闻多达 36 篇，与欧美其他国家相关的旅游新闻也很多。从图 3-23 中可以看出，旅游新闻报道世界大洲分布是不均衡的。亚洲居于第一位，约占 39.0%，报道主要集中在对东亚的日韩两国和东盟国家；欧洲屈居第二位，约占 23.0%，报道主要集中在英国、法国、希腊等国家上；美洲居于第三，约占 21.0%，报道主要集中在美国、加拿大等国家上；后面依次是非洲、大洋洲、南极洲。

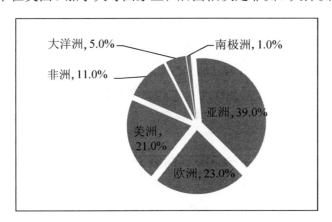

图 3-23 旅游新闻报道世界大洲分布数据统计

由此可见，三类媒体境外游报道的国家和地区中，对亚洲、欧洲的报道较多，约占总报道数的三分之二。这一数据反映出，受"一带一路"倡议影响，世界大洲旅游报道中，有关"一带一路"沿线国家的报道数量占比较大。

（二）亚洲国家分布统计

"一带一路"旅游新闻报道涉及的亚洲国家和地区的分布，可分为东亚、东南亚、南亚、中亚、西亚五个区域[①]。

---

① 这里的统计数据不包括中国港澳台地区。

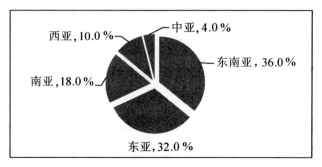

图 3-24　旅游新闻报道亚洲各地区分布数据统计

从统计的数据可以看出，对亚洲不同地区的报道是极不均衡的，东南亚所占比例最高，为 36.0%，其次是东亚，占 32.0%，接下来依次是南亚、西亚、中亚。

根据数据统计不难发现，关于中亚国家的旅游报道很少，只占 4.0%。作为"一带一路"沿线的重要地区，中亚国家的旅游发展潜力是巨大的，有待我们进一步去挖掘，这就需要媒体加大对其的报道力度。

（三）土耳其及中亚五国分布统计

"一带一路"倡议以中亚地区作为"丝绸之路经济带"的重要延伸，连接起中国与世界。对中亚五国及西亚土耳其的旅游新闻报道也应特别关注，因此，有必要再细化这部分的数据分析。对 2015 年 3 月 1 日至 2016 年 1 月 6 日搜狐网境外游报道的统计数据如表 3-23 所示。

表 3-23　搜狐网境外游土耳其和中亚五国新闻报道统计

报道国家	报道频次
土耳其	869
哈萨克斯坦	155
塔吉克斯坦	48
乌兹别克斯坦	48
土库曼斯坦	86
吉尔吉斯斯坦	58

由以上数据来看，对土耳其的报道最多，远远高于对中亚五国报道之和。众所周知，土耳其是一个旅游国家，历史、宗教传统悠久，是众多人想去的旅游胜地；中亚五国对中国内地的影响在"一带一路"倡议提出之

前是比较小的，有关其报道也不是很多。随着"一带一路"倡议的提出与推进，中亚五国的影响力在不断增强，但是相关的媒体境外游报道却不见增多，反映出这方面报道没有紧跟时代热点。在当前"一带一路"背景下，媒体应紧随国家的倡议导向和形势发展，积极报道"一带一路"沿线国家和地区的旅游新闻，扩大沿线国家旅游影响力，激发国人旅游兴趣，从而促进"一带一路"建设的进一步发展。

三、语篇长短量化分析

随着媒体有关"一带一路"旅游新闻报道数量的不断增加，媒体报道中的语篇特色也凸显出来。我们统计了光明网、搜狐网及中亚国家的微信公众号共 888 篇报道，这些报道在篇幅上呈现出一定的差异，同时每个媒体也有自己的特色。

新闻报道的篇幅是有着严格限制的，新闻报道的简洁性和有效性要求新闻报道的字数不能太多。从所收集的语篇来看，"一带一路"旅游新闻报道的字数因媒体的不同而呈现出不同的特点。光明网、搜狐网、微信公众号在篇幅字数上各有各的集中区域。具体统计结果如图 3-25 所示。

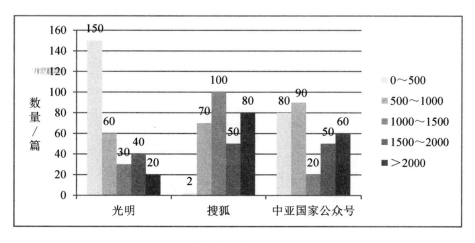

图 3-25　三类媒体旅游新闻报道篇幅量化统计

图 3-25 中，横轴表示报道字数，500 字为一个区间；竖轴表示报道的篇数，20 篇为一个区间。我们很容易看出，光明网报道的字数多数集中在 1000 字以内，搜狐网在 0 至 500 字区间的篇数几乎为零，多半集中在大于

500 字小于 1500 字的区间内。微信公众号的文章则比较分散，大致而言，以 1000 字为基准，报道字数为 1000 字及以内的报道占多半，约达到 170 篇；字数为 1000 字以上的报道不及前者，约有 130 篇。

光明网的旅游报道中字数在 1000 字及以内的报道占报道总篇数的比例高达 70%，主要与光明网报道语言的正式性相关。同时，光明网的报道属于传统新闻的报道模式，报道内容追求简洁、高效，用简练的语言传递更多的信息量，以此吸引更多的读者。

来自搜狐网的报道字数在 500 字及以内的报道几乎没有，字数多于 1000 字的报道约占 70.0%。这是由于搜狐网属于商业性网站，邀请签约作家为旅游板块写稿，所写稿件代表个人经历和观点，在表达时字数就会偏多。中亚国家微信公众号对"一带一路"旅游新闻报道的字数限制较少，其原因是微信公众号除了用微信编辑自己编写的文章外，还大量转发各个网站的信息，这就使得微信公众号既有官方报道的一些特点，也具有了商业报道的一些特点。

四、报道角度量化分析

"一带一路"旅游新闻报道的角度是指撰稿人的视角，可按外媒与中方视角、旅行社商家与游客视角等分类。不同的网站呈现出不同的特点。

光明网主要从国际角度出发，分为外媒报道和中方报道两个视角。如表 3-24 所示。

表 3-24　光明网旅游新闻报道视角数据统计

报道视角	所占比例/%
外媒报道	20.0
中方报道	80.0

搜狐网则是从游客、旅行社角度出发，分为游客个人视角和旅行社商家视角，如表 3-25 所示。

表 3-25　搜狐网旅游新闻报道视角数据统计

报道视角	所占比例/%
游客个人视角	90.0
旅行社商家视角	10.0

微信公众号则两者各取其一，由外媒报道和游客个人视角编辑报道组成，如表3-26所示。

表3-26　微信公众号旅游新闻报道视角数据统计

报道视角	所占比例/%
外媒报道	8.0
游客个人视角	92.0

从统计数据可知，光明网外媒报道所占比例达20％，消息来自国外不同国家和地区的不同报纸或网站，涉及不同国家的不同景点及旅游信息。中方报道所占比例达80.0％，消息主要来源于国内不同的网站，涉及国外不同国家和地区的不同景点。搜狐网中游客个人视角与旅行社商家视角比例高达9：1。微信公众号则主要发布转发的外媒报道及个人视角撰写的报道，与光明网和搜狐网都不相同。三种媒体之所以出现这样的不同，主要有以下三个原因。第一，媒体的性质有所不同。光明网是政府网站，在一定程度上代表的是国家立场，报道视角有高度，在报道角度上，分为中方、外媒两个方面。搜狐网是商业网站，有赢利的需求，会签约不同的作家发表不同的文章，来增加阅读量；同时又要发广告来赚取相应的利润，便出现了旅行社商家的广告。第二，光明网是传统媒体《光明日报》在网络时代的新延伸，比较正式；搜狐网则是新媒体门户网站，比较自由。第三，受互联网思维的影响，需要传播规模越大越好。光明网选择了从政府高度传播信息，搜狐网则是从个体角度传播信息，都追求达到最大的受众量。值得注意的是，搜狐网更加注重用户体验，从个体角度传播信息，感化身边的读者，让读者从思想上认可某一旅游目的地，进而为读者成为游客做好铺垫。微信作为一种新型的自媒体表现形式，在一定程度上具有搜狐网的特色。

综上，"一带一路"旅游新闻报道基本上都是从国内视角去写的国外的景点、事件，从国外视角进行报道的比较少，如图3-26所示。

从图3-26可以看出，媒体有关旅游新闻的报道以国内视角报道为主，所占比例达91.0％，这种分布上的不均衡，应引起媒体的关注和反思，以利于今后加强从沿线国家的角度进行旅游报道。多角度传递景点信息不仅有利于游客了解境外景点，还可以增加新闻报道的趣味性和鲜明感。

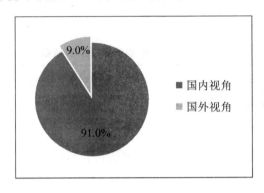

图 3-26　媒体旅游新闻报道视角比例分布图

　　本节通过对"一带一路"旅游新闻报道数据的统计分析，总结出以下几点。第一，从对旅游新闻报道涉及的国家和地区进行的量化统计来看，报道分布的地区不很均衡，不同的国家分布也不均衡；第二，从对不同媒体报道的篇幅数据统计来看，不同媒体篇幅分布区域各有特点；第三，从对光明网、搜狐网及相关微信公众号报道的角度进行的数据统计来看，国内视角报道较多，国外视角报道少。

第五节　四个领域新闻报道中涉及区域异同分析

　　通过对政策法规新闻报道、经济新闻报道、文化交流新闻报道以及旅游新闻报道的数据分析，我们发现各领域报道中涉及的"一带一路"沿线国家及地区有所侧重，报道涉及的国内重点区域也有所不同，具体分析如下。

一、报道涉及的"一带一路"沿线国家及地区

　　从政策法规领域的报道来看，人民网对俄罗斯、印度、巴基斯坦、泰国、埃及、马来西亚等国报道频率较高，在人民网的相关报道中，这些国家出现频率都超过 15 次；而菲律宾、文莱、摩洛哥、塞尔维亚等 12 国虽然在报道中有所涉及，但是均只出现了 1 次。

经济领域的报道与政策法规领域的报道有所不同。报道涉及较多的国家有泰国、哈萨克斯坦、印度、越南、俄罗斯等。报道涉及较少的国家有尼泊尔、斯洛文尼亚、波黑、罗马尼亚、保加利亚等，这些国家在数量众多的经济新闻报道中只出现了一到两次。

从文化交流领域的报道来看，人民网对韩国、印度、日本、俄罗斯等国报道频率较高，而约旦、老挝、巴林、阿塞拜疆等23个国家在报道中均只出现了一次。从区域看，文化交流新闻报道主要集中在亚洲和欧洲地区，特别是亚洲的南亚和西亚。

旅游领域的报道与政策法规、经济、文化等领域的报道区域有所不同。旅游新闻报道涉及的地区主要集中在亚洲和欧洲，亚洲主要集中在东南亚和东亚地区。

目前，"一带一路"沿线国家和地区中还有一些在各领域报道中都没有出现过。例如阿曼、爱沙尼亚、捷克、马其顿等。

二、报道涉及的国内重点区域

从政策法规领域来看，国内报道较多的省份都是处于"一带一路"节点上的重要区域，排在前五位的省份分别是：山东、新疆、广东、陕西、福建。其中新疆和福建都是"一带一路"建设的核心区。

从经济领域来看，针对核心区的专题报道不是特别多，不过"一带"核心区的报道相较于"一路"核心区来说要多一些。在新华网、天山网和光明网上，关于新疆的报道有27篇，涉及福建的报道有11篇。

从文化交流领域来看，报道涉及的排在前五位的省份是：北京、陕西、新疆、上海、福建。报道覆盖的省市范围也比较广，超过了我国省级行政区域数的五分之三。

从旅游领域来看，而对国内的报道主要集中在"一带一路"沿线节点城市，如乌鲁木齐、伊犁、泉州、青岛等。

第四章
"一带一路"新闻报道热点词分析

在"一带一路"倡议提出以后，围绕其建设和发展提出了一些新词语。它们主要反映了"一带一路"建设的重点和发展趋势。这些词语在报道中高频次出现，因而变得耳熟能详。例如"一带一路""核心区""丝绸之路经济带""21世纪海上丝绸之路""新丝路""丝路精神""一带一盟""一带一路一洲""中巴经济走廊""新亚欧大陆桥经济走廊""中国-中亚-西亚经济走廊""中蒙俄经济走廊""中国 中南半岛经济走廊""丝路基金""亚投行"，等等。其中，不少词语是根据"一带一路"倡议中出现的词语延伸而来的，例如"丝路精神""数字丝路""陆上丝绸之路""丝绸之路口岸区域""新华丝路"'一带一路'能源经济合作圈""新丝路"，等等。

经过对"一带一路"中政策法规、经济、文化交流以及旅游等领域的报道分析，我们发现关于"一带一路"倡议的专有名词在各领域报道中均有涉及，而四个领域中的标记词则不尽相同。下面将进行具体分析探讨。

第一节 "一带一路"政策法规新闻报道标题热点词分析

通过对"一带一路"政策法规新闻报道标题中的常用词语进行梳理归纳，发现这些常用词主要分为两类，包括"一带一路"政策法规报道标题中的领域标记词语和"一带一路"政策法规报道标题中的新词语。

一、政策法规新闻报道标题中的领域标记词分析

通过对政策法规新闻报道标题中的词语进行词频统计，我们发现，新闻报道形式不同，其标题中出现的领域标记词往往也会不同。

（一）文本性报道标题中的标记词语

通过分析报道标题可知，在文本性报道的标题中有些词语的使用频率较高，是能够体现文本性政策法规报道特点的标记词。例子如下：

（1）中国发布共建"一带一路"的"愿景与行动"（人民网，2015年3月28日）

（2）"一带一路"路线图发布 河南发展迎来重大利好（人民网，2015

年3月30日）

（3）互尊互信 合作共赢 文明互鉴 共建"一带一路"愿景与行动<u>发布</u>（人民网，2015年3月29日）

（4）央行<u>发布</u>《全国银行间债券市场柜台业务管理办法》（"一带一路"经贸投资法律通，2016年2月15日）

（5）"一带一路"合作重点<u>公布</u> 六大亮点引关注（人民网，2015 年 3 月28日）

（6）中央统战部<u>印发</u>意见 统一战线服务"一带一路"（人民网，2015年6月29日）

据统计，文本性报道中常用的标记词有 12 个，以动词性词语为主，但也有少量名词性词语。这类名词性词语主要有 3 个，包括"指南""公告""全文"。具体分析如表4-1所示。

表4-1　文本性报道标题中标记词词频统计

动词性词语						名词性词语	
发布	26	提出	5	出台	3	指南	4
制定	9	公布	4	出炉	2	公告	3
明确	8	印发	4	梳理	2	全文	3

由表4-1可知，名词性标记词不仅在数量上远远少于动词性标记词，而且在使用频率上也远低于后者。从语词含义上分析，这些动词性标记词主要包含告知性言语行为，名词性标记词反映的是报道内容的实质。这些词语的使用较容易让读者了解报道内容的性质。

（二）解读性报道标题中的标记词语

无论网络媒体还是微信公众号，解读性报道都占绝对比重。新闻报道对政策法规进行解读的方式有很多，有的通过数据、意见进行解读，有的通过评论的方式进行解读，还有的通过地方或部门所采取的决策或行动进行解读。通过对所搜集的语料分析发现，不同的解读方式往往会使用不同意义类型的词语。

1. 评论类

以下为一些例子：

（7）李肇星解析"一带一路"倡议中云南的地位与机遇（人民网，2014年6月8日）①

（8）舆论热议"一带一路"香港找到更大的"用武之地"（人民网，2015年3月24日）

（9）机构预测"一带一路"将产生21万亿美元经济效应（人民网，2015年3月25日）

（10）专家详解"一带一路"：将创造难以估量的经济潜力（人民网，2015年3月28日）

（11）香港特首将访京谈"一带一路"（人民网，2015年7月10日）

（12）律师发展论坛聚焦"一带一路"（人民网，2015年11月30日）

以上例子都是通过评论的方式对政策法规信息进行解读的。例（7）至例（10）解析地方及相关部门在"一带一路"倡议实施过程中如何抓住机遇、发挥作用，例（11）和例（12）主要是预测"一带一路"倡议的发展前景。

据统计，评论类解读性报道标题中的标记词以动词性词语为主，其次是副词性词语。虽然作为该类标记词的副词性词语只有两个，但其使用频率非常高，特别是副词"将"，在所收录的该类语料中共出现了208次。此外，连词"或"出现的频率也很高。具体统计结果如表4-2所示。

表4-2 评论类解读性报道标题中标记词词频统计

动词性词语								副词性词语		连词	
谈	94	热议	88	解析	33	称	31	将	208	或	65
聚焦	26	有望	23	预期	19	可能	17	终将	18		
说透	16	详解	15	预计	15	预测	11				
怎么看	9										

从词性上分析，这类词语多为动词，少数为副词和连词。从会话含义上看，动词性词语分两类：一类表示"言说"，另一类表示"猜度"。副词性词语则表示"未然"。

---

① 鉴于国家媒体报道中统一用"'一带一路'倡议"的说法，现将早期报道中的部分说法改为"'一带一路'倡议"。

2. 建议类

以下为一些例子：

（13）代表委员聚焦<u>如何</u>推进云南与"一带一路"对接融合（人民网，2014 年 3 月 9 日）

（14）外交部副部长张业遂："一带一路"<u>应</u>优先发展 逐步实现"五通"（人民网，2014 年 3 月 25 日）

（15）秦治来：建设"一带一路" 国内各部门和地区<u>需</u>形成合力（人民网，2015 年 7 月 5 日）

（16）企业<u>要</u>注重"一带一路"上的法律风险防范（人民网，2015 年 1 月 10 日）

（17）杨洁篪<u>冀</u>亚洲国家携手共建"一带一路"（人民网，2014 年 4 月 10 日）

以上例（13）至例（17）都是通过建议的方式对政策法规信息进行解读。相关专家学者在政策法规信息出台以后，给出相应的建议，这对相关部门和群体的具体行动具有指导作用，有利于政策法规的顺利实施。

根据统计，建议类解读性报道标题中常出现的标记词主要包括动词性词语[①]、副词性词语和疑问代词三类。具体统计结果如表 4-3 所示。

表 4-3　建议类解读性报道标题中标记词词频统计

动词性词语										疑问代词	
应	152	要	134	需	84	须	21	亟须	16	如何	63
愿	15	希望	9	冀	6	不能	3	可	4		

表 4-3 这类标记词中，数量较多的是动词性词语，并且多为能愿动词。使用频率排在前三位的是动词"应""要"和"需"。这类标记词可以归入"建设"言语行为类中。

3. 决策类

以下为一些例子：

（18）香港计划将"一带一路"纳研究资助范畴（人民网，2015 年 5 月 13 日）

---

① 这里的动词性词语包含能愿动词类。

（19）青岛瞄准"一带一路" 规划建设新亚欧大陆桥桥头堡（人民网，2014 年 3 月 23 日）

（20）海外业务占比继续提高 中行欲大力布局"一带一路"（人民网，2015 年 3 月 27 日）

（21）南宁市拟建立"一带一路"重大项目储备库（人民网，2015 年 7 月 13 日）

（22）聚焦"一带一路"：甘肃将 6 年内建 4000 公里高速路（人民网，2015 年 7 月 9 日）

（23）广东将与"一带一路"沿线有关国家开展多项合作（人民网，2015 年 6 月 3 日）

国家层面的政策法规出台以后，地方政府或相关部门通常会根据自身的特点制定符合地方或部门工作需求的决策，以便更好地配合和落实国家政策。因此在政策法规报道中往往也包含着地方或部门的相应决策。

根据统计，决策类解读性报道标题中常用的标记词多数为动词性的，少数为副词性的。具体统计结果如表 4-4 所示。

表 4-4　决策类解读性报道标题中标记词词频统计

动词性词语				副词性词语	
计划	42	规划	62	将	187
拟	12	欲	15		

由表 4-4 可知，虽然从数量上看动词性词语占多数，但是从使用频率上看，副词"将"的使用频率最高，甚至超过了所有动词性词语出现频率之和。此外，决策类标题中的标记词无论是动词性的还是副词性的，大多包含着表示"将来"的意义。"决策"类和"建设"类所用的标记词语意义有相近之处，区别在于标题句的主语的功能不同。"建设"类主语实际上不是标题所述事件的参与者，而是标题所述事件的叙事者，也就是言者，而"决策"类的主语都是标题所述时间的参与者，即角色之一。

4. 执行类

以下为一些例子：

（24）巧抓"一带一路"机遇 按下日照发展"快进键"（人民网，2015

年 6 月 16 日）

（25）上海快速跟进"一带一路"倡议（人民网，2015 年 6 月 16 日）①

（26）主动融入"一带一路"加快构筑新兴产业高地（人民网，2015 年 5 月 28 日）

（27）陕西网上抢跑"一带一路"（人民网，2015 年 6 月 2 日）

（28）沿线城市抢筹"一带一路"红利 覆盖区域或扩围（人民网，2014 年 5 月 16 日）

（29）"走出去"掘金"一带一路"（人民网，2015 年 7 月 3 日）

以上报道都是有关政策法规落实情况的报道。政策法规执行是政策法制观念的内化，它是一个动态的过程。执行类新闻报道主要反映政策法规落实的实际情况以及在落实过程中出现的问题，并通过报道政策法规的执行动态促进既定目标的达成。

根据统计分析，执行类解读性报道标题中常用的标记词都是动词性的，共计 21 个，但是在使用频率上差异非常大，由高到低排在前三位的是"布局""服务"以及"对接"，分别达到了 146 次、121 次和 104 次；使用频率最低的是"抢跑"，只出现了 9 次。具体统计结果如表 4-5 所示。

表 4-5　执行类解读性报道标题中的标记词词频统计

动词性词语									
助	21	力推	19	布局	146	推进	40	融入	59
助力	84	力促	16	巧抓	20	跟进	24		
助推	24	力拓	12	抢抓	43	融进	21		
掘金	63	服务	121	抢筹	19	共建	17		
对接	104	构筑	42	抢跑	9	建立	25		

（三）评述性报道中的标记词语

政策法规发布后需要发挥新闻媒体的传播作用，新闻媒体为了表明对政策法规的立场、态度，需要经常使用一些感情色彩强烈的词语，以便读者强烈感受到政策法规的重要性，有利于政策法规的传播和实施。以下为

---

① 鉴于国家媒体报道中统一用"'一带一路'倡议"的说法，现将早期报道中的部分说法改为"'一带一路'倡议"。

一些例子：

（30）南方日报评论员："一带一路"为中阿合作带来新机遇（人民网，2014 年 6 月 6 日）

（31）"一带一路"为中国和西亚北非合作创造新前景（人民网，2014 年 5 月 29 日）

（32）赵国华："一带一路"建设将对未来世界产生深远意义（人民网，2015 年 3 月 22 日）

（33）"一带一路" 跨越时空的宏伟构想（人民网，2014 年 6 月 30 日）

（34）"一带一路"引领亚洲前进方向（人民网，2015 年 3 月 28 日）

（35）"一带一路"造福沿线百姓（人民网，2015 年 3 月 29 日）

根据对语料的统计分析，评述性报道标题中常用的标记词主要包括三类，即动词性词语、形容词性词语和名词性词语，而从词语反映的感情色彩上看，这些词语都是感情色彩浓厚的褒义词语。具体统计如表 4-6 所示。

表 4-6 评述性报道标题中标记词词频统计

形容词性词语		动词性词语				名词性词语	
巨大	60	助力	104	带热	9	好××	44
深远	43	富有	10	带火	5	新××	228
伟大	17	深化	14	带动	20		
重大	15	推动	22	造福	22		
宏伟	20	引领	13	焕发	13		
丰厚	12	促进	31				
美好	15	升温	12				
密切	38	激活	24				

表 4-6 中由"好"组成的名词性词语最多的是"好机会"，由"新"字组成的名词性词语很多，包括"新机遇""新商机""新前景""新契机""新未来""新桥梁""新生活""新引擎""新动力""新台阶""新格局"，等等。据统计，网络媒体与新媒体公众号中的"一带一路"政策法规新闻报道以积极正面报道为主，所以"一带一路"政策法规报道评述类标题中更倾向于使用感情色彩浓厚的褒义词。

二、政策法规新闻报道标题中的新词语

在"一带一路"政策法规报道中，出现了不少新词语，明确这些新词语的专门含义是非常重要的。因为如果读者不了解这些新词语，往往会导致理解上的困难，进而影响相应政策的传播和推行，甚至造成对新出台政策法规的误读。目前，据对所搜集报道的不完全统计，从政策法规报道标题中反映出的与"一带一路"倡议相关的新词语主要以体现"一带一路"倡议和建设的专门用语居多。根据新词语表达的内容，可将这些新词语分为三类，具体分析如表 4-7。

表 4-7　政策法规报道标题中的新词语

倡议覆盖的地区范围	"一带一路"、丝绸之路经济带、海上丝绸之路、"一带一盟"、"一带一路一洲"
沿线国家关系	中国首倡、互联互通、命运共同体、责任共同体
建设领域	民心相通、"五通"、中巴经济走廊、亚投行、丝路基金、海洋合作、人民币国际化

这些词语都是在"一带一路"倡议的推进过程中产生的，与"一带一路"倡议关系密切，包含有明显的与"一带一路"推进相关的信息。根据表 4-7，这些新词语以名词性词语为主，从词语长度上看，则以多音节词为主。据统计，这些新词语中使用频率最高的三个是"一带一路""亚投行"和"互联互通"，分别达到了 401 次、80 次、52 次。这类标题中的不少新词语都体现了"一带一路"合作共建的思想，如"互联互通""命运共同体""责任共同体"等。同时，在政策法规报道中还出现了大量其他领域的词语，如经济领域的"亚投行""丝路基金""人民币国际化"等，这也证明了政策沟通建设的主要目的是为"一带一路"其他"四通"的建设提供坚强而有力的保障。

第二节 "一带一路"经济新闻报道 热点词分析

一、经济新闻报道标题中的热点词语

通过整理分析语料发现，在"一带一路"经济新闻报道标题中出现了很多有特色的动词，大致分为以下两类。

（一）执行类动词

这类动词包括"借助""加快""助力"等动词。例子如下：

（36）"一带一路"国家借助高交会拓展科技合作（天山网，2015 年 11 月 18 日）

（37）"一带一路"助推中欧食品和物流产业合作（天山网，2015 年 11 月 10 日）

（38）"一带一路"促国际合作催生新需求 应借力推动我国产业升级（天山网，2015 年 11 月 3 日）

（39）加强和改进互联网行业管理 大力推进监管转型（新华网，2015 年 12 月 24 日）

（40）海关总署：将努力提升与沿线国家贸易化便利水平（新华网，2015 年 12 月 24 日） .

（41）国务院：加快知识产权强国建设 推动专利许可改革（新华网，2015 年 10 月 24 日）

（42）网贸会波兰馆将于明年初开馆 助"中国制造"挺进欧洲（光明网，2015 年 12 月 8 日）

这类特色动词除了有"执行"意义外，还有明显的增量含义，同时大多有表示积极情绪的褒义色彩。这些动词的使用，强化了标题的感染力，使读者对"一带一路"的认识更加深刻，同时也实现了媒体的传播效力。以下是对执行类动词的词频统计。如表 4-8 所示。

表4-8　经济新闻报道标题中执行类动词词频统计

执行类动词	词频	执行类动词	词频
打造	29	共建	5
推进	23	借力	5
助力	22	助推	4
加快	21	扩大	4
推动	13	发力	4
引领	12	促进	4
提升	11	开创	4
抢	11	对接	3
借助	11	加大	3
决胜	7	增强	1
加速	6	激发	1
抓	5		

通过表4-8可知，在三大网站发布的888条有效经济新闻报道的标题中，这类动词共出现了209次。也就是说，在占总数近24%的报道标题中都出现了上述这些动词，其中，"打造""推进""助力""加快"出现频率较高，在所统计的23个执行类动词中出现频次占比均高于10%，是经济新闻报道中经常使用的动词。

（二）专业类动词

"一带一路"经济新闻报道的标题中还常出现一些主要表示经济活动的专业动词，根据对所收集报道标题的考察，这些词语及其词频如表4-9所示。

表4-9　经济新闻报道标题中专业类动词词频统计

专业类动词	词频	专业类动词	词频	专业类动词	词频
建设①	71	创业	4	贬值	1
开放②	21	双赢	2	增值	1
出口	10	上市	2	中标	1
互利	4	加息	2	资产配置	1

---

① "建设"虽也用在日常生活中，但主要还是与经济相关。
② "开放"也与经济密切相关，所以这里归到经济类中。

从表 4-9 中可以看出，表示经济活动的专业类动词性词语出现的频率相差较大。其规律是专业性越弱，出现频率越高；专业性越强，出现频率越低。其中的"建设""开放"两个词语都不是典型的经济术语，但常出现在经济活动报道中，可看作与经济活动有关的词语。正因为这两个词专业性较弱，所以出现频率较高。

二、经济新闻报道语篇中的新词语

随着"一带一路"倡议的实施，各类经济活动也随之展开，一些新词语也应运而生。这些新词语是在"一带一路"倡议的宏观历史背景下产生的，反映了相应的经济事件。通过对三大网站相关经济新闻报道的统计，共发现新词语约 50 个。这些新词语主要是通过对现有词语进行重组生成，根据是否经过缩略，这些新词语又可分为两类。具体分析结果如表 4-10 所示。

表 4-10 经济新闻报道语篇中新词语词频统计

未经缩略的新词语（含词频）	丝绸之路经济带（157）、互联互通（93）、长江经济带（87）、海上丝绸之路（76）、互联网+（67）、核心区（40）、自由贸易区（27）、新型城镇化（26）、节点城市（24）、智慧城市（17）、向西开放（17）、经济新常态（7）、供给侧结构性改革（6）、中国建造（5）、绿色经济（5）、新型区域经济合作机制（5）、新亚欧大陆桥经济走廊（5）、珠江-西江经济带（5）、陆上丝绸之路（4）、经济地理革命（4）、网络经济体（4）、金融大动脉（4）、大数据联盟（3）、丝绸之路口岸区域（3）、合作示范区（3）、中巴经济走廊（3）、中蒙俄经济走廊（3）、开发区模式（2）、信息丝绸之路（2）、以侨为桥（1）、中国机遇（1）、冷科技（1）、互联网生态圈（1）、"一带一路"能源经济合作圈（1）、孟中印缅经济走廊（1）、中国-中亚-西亚经济走廊（1）、中国-中南半岛经济走廊（1）
经过缩略的新词语（含词频）	"一带一路"（1951）、亚投行（81）、丝路基金（45）、数字丝路（6）、物联网（3）、自贸试验区（2）、新华丝路（2）、跨境电商综试区（2）

通过对上述新词语的分类梳理可知，"一带一路"经济新闻报道新词语主要是通过现有词语的重新组配形成的，虽然也有缩略的情况，但是涉及的新词语数量并不多，如"物联网"是物物相连的互联网的缩略。为了进一步理解这些新词语，这里选取了 5 个较具代表性的词语进行解释说明，

如表 4-11 所示。

表 4-11　经济新闻报道语篇中的新词语解释

新词语 （含词频）	解释
亚投行（81）	指亚洲基础设施投资银行，是政府间性质的亚洲区域多边开发机构，主要工作是支持基础设施建设
数字丝路（6）	在第二届世界互联网大会上提出的概念，其目的是建设一个更加和平、安全、开放和创新的网络空间，开创一条走向共同富裕的"网上丝绸之路"
以侨为桥（1）	即通过对周边国家华侨华人的生存现状进行研究，依靠国内外华侨华人的力量，为"一带一路"建设献计献策，从而保障我国华侨在海外的人身和财产安全，服务中国侨务工作
智慧城市（17）	指利用先进的科学技术实现对城市的智慧管理运行，从而更好地服务于城市中的人，实现城市与人和谐发展
冷科技（1）	指寒地城市利用独有特色，发展城市"冷经济"，以对接寒地城市及"一带一路"国家和地区发展成果为宗旨，开发高新技术产品

综上所述，这些新词语衍生于"一带一路"经济活动之下，并服务于相关经济活动，而"一带一路"经济新闻报道中引入这些新词语有利于加强对"一带一路"经济建设的引领作用。

第三节　"一带一路"文化交流新闻报道标题热点词分析

"一带一路"文化交流新闻报道旨在促进"一带一路"沿线国家和地区相互沟通，互相交流，为实现民心相通服务。这里，我们选取文化交流新闻报道标题来看语言特色，主要以词类特点为依据，从动词性标记词、名词性标记词、形容词性标记词三个方面考察"一带一路"文化交流新闻报道标题中使用的词语，探寻"一带一路"文化交流新闻报道在词语使用上的特点。同时，以尹世超（2001）对报道语言的研究为参考，对"一带一路"报道的两类标题，即报道性标题与称名性标题的风格特点进行探讨。

一、文化交流新闻报道标题中的动词性标记词语

"一带一路"文化交流新闻报道中出现的动词，可按照适用范围分为两类：一类是文化特色动词；一类为形象色彩动词。文化特色动词意义较为抽象，可以适用于多种主题的报道；形象色彩动词意义较为具体，通常只适用于某篇报道的特殊语境。文化特色动词可以用于文化交流新闻报道的多种主题，可以对其进行词频统计；而形象色彩动词出现语境相对固定，可以对其进行特征分析。

（一）文化交流新闻报道标题中的文化特色动词

通过对人民网中的204条"一带一路"文化交流新闻报道标题的分析，共发现特色动词有38个，这些动词都与文化活动相关。具体词语及出现频次如表4-12所示。

表4-12 文化交流新闻报道标题中的文化特色动词词频统计

动词	词频	动词	词频	动词	词频	动词	词频
发展	21	推动	3	参与	2	高举	1
合作	16	展	3	助力	2	感知	1
"推"类	7	讲（好）	3	讲述	1	缔结	1
交流	7	共享	3	呈现	1	接轨	1
举办	6	对话	3	利用	1	演绎	1
开幕	6	共筑	3	抢抓	1	弘扬	1
融入	4	展示	2	沿着	1	构筑	1
打造	3	了解	2	祝贺	1	落幕	1
传播	3	联通	2	搭建	1		
共享	3	感受	2	开创	1		

下面为标题举例。

（43）"一带一路"推动我国国际话语体系建设（人民网，2015年9月18日）

（44）陕旅集团将推实景剧《马可·波罗》（人民网，2015年9月12日）

（45）丝路精神，中欧交流新纽带（人民网，2015年1月20日）

（46）文明交流互鉴 共同繁荣发展（人民网，2016年1月24日）

（47）大理：千年国际陆港联通世界（人民网，2015 年 2 月 10 日）

（48）国家收藏 文化共享 （人民网，2015 年 12 月 27 日）

（49）传承弘扬丝路精神 共筑梦想同谱华章（人民网，2015 年 3 月 29 日）

（50）新疆文化创业展生机（人民网，2015 年 7 月 27 日）

（51）展示中国的靓丽名片（人民网，2015 年 6 月 21 日）

（52）讲好"新丝路"的故事（人民网，2014 年 10 月 28 日）

（53）讲述海上丝绸之路故事（人民网，2016 年 1 月 11 日）

从例（43）至例（49）可以看出，"一带一路"文化交流新闻报道标题中所使用的文化特色动词，多是跟"推（动/进）""交流""沟通""传承""发展"等动词词义相关或相近的词语，这与"一带一路"民心相通的目标有关，即通过文化交流促进民心相通，而标题用词正是对这一目标的反映。例（50）借助单音节动词"展"来组织标题，而（51）例是用双音节动词"展示"来组织标题的。根据统计，"展"的使用频率高于"展示"，显示出标题更倾向于简洁、凝练的特点。就例（52）和例（53）而言，单用"讲"的情况少见，只有一例，在标题中常用的是动补结构"讲好"或双音节动词"讲述"。

（二）文化交流新闻报道标题中的形象色彩动词

在"一带一路"文化交流新闻报道中，动词除了具有交流意义外，还有形象色彩明显的特点。例子如下：

（54）我国两件经典艺术作品亮相米兰世博会（人民网，2015 年 6 月 8 日）

（55）"文化+"惊艳北京文博会（人民网，2015 年 11 月 3 日）

（56）中俄文化艺术交流周扮靓哈尔滨（人民网，2015 年 8 月 27 日）

（57）云南文艺闪耀光芒（人民网，2015 年 6 月 9 日）

（58）沿着新丝路 挥写新画卷（人民网，2015 年 9 月 11 日）

（59）喜歌剧演出季来了（人民网，2015 年 12 月 25 日）

从例（54）至例（59）可以看出，此类动词形象色彩浓郁，并且不单单出现动词，还有用以补充说明或修饰动词的成分，如"扮靓""挥写"中的"靓""挥"等作为形容词或动词，起着补充说明或修饰的作用。同样的语义，如果用"出现""出现于"等无感情色彩的词语，标题就会趋于平淡，不能起到吸引读者眼球的作用。另外，使用某些动词如"亮相""惊艳"时，标题都用了拟人的修辞手法，因为这些动词通常是以"人"作为施事者，而标题使用事件作为施事，拉近了与读者的距离，使得读者感到更加亲切，更易接受。

同样的形象色彩动词和词组还包括"生发""架起""灌溉""聆听""吸睛""尽显""相约""邂逅""舞动""铸造""牵手""奏响""叫好""叫座"等，这些动词都有较强的形象色彩。

二、文化交流新闻报道标题中的名词性标记词语

与动词性标记词语相似，"一带一路"文化交流新闻报道标题中的名词性标记词语也分为两类：一类是"一带一路"文化交流新闻报道热点名词；另一类是具有象征意义的名词或短语。后者通常运用了比喻、借代等修辞手法。

（一）文化交流新闻报道热点名词

分析这类报道时，我们专门针对"一带一路"文化交流新闻报道标题中出现频率较高的热点名词进行了统计，具体统计结果如表 4-13 所示。

表 4-13 文化交流新闻报道标题中的热点名词词频统计

名词	词频	名词	词频	名词	词频
丝路	33	北京	5	演出	2
文化	32	新疆	5	春晚	2
一带一路	31	海上丝绸之路	4	丝路精神	2
中国	24	博览会	4	丝路文化	2
国际	18	××展	4	演出季	1
××节	13	新丝路	4	文化+	1
论坛	11	梦想	3	丝路文学	1
丝绸之路	10	中国故事	3	中华民族	1
陕西	7	上海	3	民俗精神	1

由表 4-13 可知，在这类名词中，"丝路""文化""一带一路"是标题中出现频率最高的热点名词，而由于标题的简洁性要求，"丝绸之路"与"海

上丝绸之路"出现频率较低。此外，"中国""国际""××节""论坛"等出现频率也较高，从词频可以看出"一带一路"文化交流新闻报道的倾向以及标题特性。

（二）文化交流新闻报道标题象征性词语

"一带一路"文化交流新闻报道主旨在于交流文化、沟通情感，所以标题中出现了大量具有象征意义的名词。因这类名词的使用，人们阅读这类标题时，能够获取一些感性信息。这类名词结构的应用在一定程度上能够起到吸引读者注意力、激发读者阅读兴趣的作用。在这些标题中，名词由于运用了一些修辞手段而具有模糊性，变得不那么明确，主要效果在于传递情感，引起读者关注，因此可以将其归为称名性标题（尹世超，2001）。我们以"一带一路"文化交流新闻报道标题为文本，收集整理了具有象征意义的名词结构，具体统计结果如表4-14所示。

表4-14　文化交流新闻报道标题中的象征性名词结构

象征名词	词频	象征名词	词频	象征名词	词频
窗口	2	伙伴	2	友谊颂	1
黄金廊道	1	黄金时代	1	文化之魂	1
名片	3	壮丽画卷	1	金字招牌	1
文化桥	2	友谊纽带	1	千年瓷都	2
新品牌	1	雨点儿	1	丹青手	1
文化桥梁	1	中国风	1	蓉城	1

从这些象征性词语举例可以看出，这类名词多运用比喻、借代等修辞手段，在一定程度上起到了吸引读者注意力、激发读者阅读兴趣的作用。

三、文化交流新闻报道标题中的形容词性标记　词语

通过对"一带一路"文化交流新闻报道标题中出现的形容词进行统计发现，形容词在这类报道标题中的出现频率并不低。具体统计结果如表4-15所示。

表 4-15 文化交流新闻报道标题中的形容词性标记词词频统计

形容词性标记词	词频	形容词性标记词	词频	形容词性标记词	词频
新	22	近	3	经典	1
好	11	辉煌	1	圆满	1
美	7	多彩	1	精彩	1
亲	5	鼎盛	1	大	1
重要	3	靓丽	1	欢快	1
烂漫	1				

从表 4-15 可知，在"一带一路"文化交流新闻报道标题中出现的形容词都为积极意义取向的词语，这些词语对文化交流活动给出积极评价，在传递正能量的同时，促进文化交流的进一步开展。报道中，"新"通常出现在名词性成分前做定语。例子如下：

（60）新丝路 用电影沟通世界（人民网，2014 年 10 月 27 日）

（61）打开诗歌创作新时空（人民网，2015 年 9 月 1 日）

（62）青岛"两会"闭幕 部署打造新"金字招牌"（人民网，2015 年 2 月 26 日）

（63）丝路精神，中欧交流新纽带（人民网，2015 年 1 月 20 日）

例（60）用"新丝路"指代"一带一路"。例（61）用"新时空"说明"诗歌"的新领域。例（62）用"新'金字招牌'"赋予"金字招牌"新意。例（63）用"新纽带"来比喻中欧新关系。"新"的使用频率高，证实了"一带一路"为沿线国家和地区的文化交流带来了无限的生机与活力，正在不断带动沿线国家文化交流、经济合作等方面的发展与沟通。除此之外，形容词"美""好"的多次使用，承载着人们的愿望与对发展的欣喜。例子如下：

（64）让中国更好地与世界对话（人民网，2015 年 11 月 5 日）

（65）利用世博平台 讲好中国故事（人民网，2015 年 5 月 1 日）

（66）"一带一路"：共创美好未来（人民网，2015 年 4 月 13 日）

例（64）用"更好地"做状语来强调中国与世界的交流。例（65）用"好"做补语，说明"讲"的结果是"好"，以此来强调"讲好中国故事"这一当代中国的文化传播策略。例（66）用"美好"修饰"未来"，强调"一带一路"的长久发展及光明前景。

四、标题风格特点分析

尹世超（2001）提出标题可分为报道性标题与称名性标题。报道性标题是报道性强、本身便可为人们提供一条消息的标题；而称名性标题是报道性弱，可为人们提供一些信息，但并不能使人知道消息，需要"下文分解"的标题。我们对报道标题风格的研究主要依据这一分类。

新闻报道标题依照不同交际目的、交际对象、交际场合选择不同类型的词语、不同的修辞方式和不同的句式进行表达与沟通。我们随机抽取了80条"一带一路"文化交流新闻报道标题进行分析和统计，具体分析结果如表4-16所示。

表4-16　文化交流新闻报道标题中表现风格特点的词语统计

类别	称名性标题					报道性标题
	评价性词语	口语性词语	总括性词语	引用俗语	总数	
数量	41	12	7	4	64	22

由表 4-16 可知，在"一带一路"文化交流新闻报道标题中，具有客观色彩的报道标题，即未使用任何含有感情色彩的词语的报道性标题共有22 个；而选择使用不同色彩的词语形成的称名性标题共有 64 条，这些标题利用评价性词语、口语性词语、总括性词语、引用俗语来增加其表现力，本身又形成了各具特色的小类。

（一）称名性标题

称名性标题又可以分为以下几类。

1. 评价性标题

评价性标题是指针对所报道的内容进行个人主观评价，把个人的主观评价性色彩展示在报道标题上。报道标题里包括新闻报道者自身的评价性情感色彩的词语。例子如下：

（67）从猫冬到闹冬 从白雪到白银 冬游新疆有惊喜（人民网，2015年12月4日）

（68）亲和包容 澳门旅游魅力独特（人民网，2015 年 11 月 17 日）

（69）亲戚越走越近 朋友越走越亲（人民网，2014 年 2 月 10 日）

（70）让中国更好地与世界对话（人民网，2015 年 11 月 5 日）

（71）"东亚文化之都"青岛今年特别忙：用文化与世界对话（人民网，2015 年 8 月 6 日）

例（67）至例（71）中，出现了"有惊喜""魅力独特""越走越近/越走越亲""更好地""特别忙"等感情色彩浓厚、正面积极的评价性词语。由于报道针对的潜在受众是"一带一路"沿线国家的民众，报道目的是希望沿线国家民众更多了解"一带一路"倡议，使文化交流沟通每一个读者，所以标题使用这些评价性词语，以此来突显报道积极、亲和的特点：

2. 口语化标题

口语化标题是指新闻报道者在进行报道时，将报道者个人口语化特点展现在报道标题当中。口语化标题中往往含有口语表达词语。例子如下：

（72）让百姓看到"一带一路"的"雨点儿"（人民网，2015 年 8 月 28 日）

（73）"东亚文化之都"青岛今年特别忙：用文化与世界对话（人民网，2015 年 8 月 6 日）

（74）丝路文化为什么这么火？（人民网，2015 年 2 月 27 日）

（75）今天的盛宴 明天的滋养（人民网，2015 年 10 月 16 日）

例（72）至例（75）的标题中使用了口语化表达，如"让百姓看到""特别忙""为什么这么火""今天""明天"，这些词语和表达，拉近了读者和"一带一路"文化交流活动的距离，感觉好像活动就在读者身边。这类表达为"一带一路"文化交流新闻报道营造出一种亲切感。

3. 概括类标题

概括类标题往往用言简意赅的文学性表达或对偶的修辞手法来提炼标题，特别是单字词使用较多。例子如下：

（76）情系亚洲 逐梦海丝（人民网，2015 年 10 月 20 日）

（77）搭经贸往来之桥 铺文明交融之路（人民网，2015 年 9 月 22 日）

（78）"意会中国"（人民网，2015 年 11 月 8 日）

（79）放歌"一带一路"（人民网，2015 年 9 月 25 日）

例（76）和例（77）都使用了对偶的修辞手法，句式整齐，用语简练，表意明确且覆盖面广。由此可以看出,标题中使用对偶的修辞手法,使标题易于达到言简意赅的要求。例(78)和例(79)中"意会""放歌"的运用虽使题目看起来简短,但其表意性却很强。其中"意会"不仅仅指的是用心感悟,还指意大利和中国两国在心灵层面进行的文化沟通,仅仅一个词,却包含了双重意思。"一带一路"文化交流新闻报道标题中出现的这些总括性词语满足了标题既要求表意性强,又要求结构简洁凝练的特点。从例句中可以看出,文化交流新闻报道标题的简洁性,都建立在语言使用的艺术性、抒情性的基础上,这使得标题不仅仅简明扼要,更具有独特的艺术魅力。

4. 引用类标题

引用类标题一般会在标题中引用俗语或用比喻的说法来让标题更有吸引力。例子如下:

(80)开创合作共赢的"黄金时代"(人民网,2015年10月19日)

(81)让百姓看到"一带一路"的"雨点儿"(人民网,2015年8月28日)

(82)青岛"两会"闭幕 部署打造新"金字招牌"(人民网,2015年2月26日)

例(80)和例(82)在报道标题中引入俗语"黄金时代""金字招牌",通过使用这些人们耳熟能详的俗语,使标题更贴近读者生活,既便于读者理解又能启发读者的想象,令读者很自然地将注意的焦点放在这些俗语上,从而理解报道标题表达的重点。

(二)报道性标题

报道性标题是指客观性标题。例子如下:

(83)李克强在第十届东亚峰会上的发言(人民网,2015年11月23日)

(84)亚洲文化论坛闭幕(人民网,2015年11月11日)

(85)丝绸之路国际艺术节在西安开幕(人民网,2015年9月6日)

(86)第二届丝绸之路国际文化论坛在俄罗斯开幕(人民网,2015年9月16日)

例(83)至例(86)都属于客观报道性标题。这一类标题运用平铺直叙的手法报道，大多以召开会议为主，在"一带一路"的文化交流新闻报道中以各种关于文化交流的会议报道为主，多用的热点词为"开幕""发言"等。

第四节 "一带一路"旅游新闻报道
标题热点词分析

"一带一路"倡议的提出对我国及沿线国家的政治、经济以及文化产生了重大的影响。在互联网时代，信息的传播需要新闻报道的存在，旅游新闻的报道对"一带一路"倡议背景下旅游业的发展具有很大的影响力。首先，从"一带一路"倡议看，旅游在其中发挥着先导性的作用。认识沿线国家的人民，了解他们的风俗文化并与之建立起彼此友好、彼此信任的关系，需要我们先"走出去"，就必须发挥旅游的作用。要促进境外旅游业的发展，媒体旅游新闻的作用是不容小觑的。其次，从旅游业发展角度来说，国际旅游市场的发展与旅游新闻报道有着密不可分的联系。旅游新闻对国际旅游市场的影响包括许多方面，不仅包括对境外景点的介绍，对旅游中的吃、住、行、游、购、娱的介绍等，还有国际事件、政策变化等方面的新闻报道，都会对旅游市场产生影响。因此，"一带一路"旅游新闻报道的语言必须引起足够的重视。

我们从新闻报道中的标题和内容两大角度考察了旅游新闻报道标题词语使用的一些特点。旅游新闻报道标题词语有自己的使用倾向性，报道语篇的词语使用上也呈现出其独有的特点。

一、旅游新闻报道标题词语特点

在"一带一路"旅游新闻报道的标题中出现了很多有关旅游的标记词语，包括动词、名词、形容词和副词，正是这些标记词语的使用反映出了旅游新闻报道的特色。

（一）动词性标记词语

我们在"一带一路"旅游新闻报道标题中发现的动词性标记词语有 30

个，可分为 6 类：探寻类、游走类、遇见类、体验类、拍摄类以及其他类。探寻类 6 个词语，游走类 8 个词语，遇见类 4 个词语，体验类 4 个词语，拍摄类 3 个词语，其他 5 个。具体的统计如表 4-17 所示。

表 4-17　旅游新闻报道标题中的动词性标记词语词频统计

探寻类	游走类	遇见类	体验类	拍摄类	其他类
探寻（5）	走进（14）	遇见（2）	体验（9）	实拍（8）	盘点（20）
探秘（8）	走近（1）	邂逅（3）	流连（1）	航拍（8）	一览（1）
探访（5）	环游（2）	相约（2）	领略（3）	行摄（2）	大赏（1）
寻觅（2）	漫游（1）	约会（1）	玩转（3）		大推荐（2）
寻找（2）	闲游（3）				集锦（1）
追寻（3）	畅游（3）				
	游走（1）				
	旅居（1）				

举例如下：

（87）探寻散落在澳门旧城小巷的历史名片（搜狐网，2015 年 11 月 24 日）

（88）探秘意大利被遗忘的五十年古城（光明网，2015 年 7 月 14 日）

（89）走进荷兰小城哈勒姆：寻觅历史与宁静（搜狐网，2015 年 10 月 28 日）

（90）闲游大洛杉矶，在美国旅行的最后时光（搜狐网，2015 年 11 月 29 日）

（91）蓝花楹季节到！悉尼最佳观赏地点一览（光明网，2015 年 11 月 6 日）

（92）北半球美丽秋景大赏：绚烂醉人（光明网，2015 年 11 月 11 日）

（93）最佳旅游地集锦：满满都是阳光和清新空气（光明网，2015 年 12 月 14 日）

（94）约会甜蜜小镇 体验巧克力的梦幻王国（光明网，2015 年 12 月 31 日）

这些动词性标记词语的使用，使整条新闻从标题上开始"动"了起来，与旅游主题相呼应，看到"最佳旅游地集锦"，拿起相机"探寻旧城小巷"，去"体验不一样的风景",将"一带一路"旅游新闻主题突显了出来,吸引了人们的眼球,吊足了人们的胃口,进而使人们开始一场"说走就走的旅行"。

(二)名词性标记词语

我们统计的"一带一路"旅游新闻报道的名词性标记词有 10 个,包括"攻略""指南""风情""旅行纪实""一日""游记""××之旅""掠影""印象""故事"。这些词语多出现在旅游新闻报道的标题中。我们对其词频进行了统计,统计数据如表 4-18 所示。

表 4-18 旅游新闻报道标题中的名词性标记词语词频统计

攻略（4）	故事（4）
指南（2）	一日（1）
风情（7）	游记（1）
旅行纪实（1）	掠影（1）
印象（2）	××之旅（20）

举例如下:

(95)穷游攻略——怎样才能买到便宜机票?(搜狐网,2015 年 11 月 22 日)

(96)伊斯兰堡饕餮指南 舌尖上的巴基斯坦(这里是巴基斯坦,2015 年 4 月 28 日)

(97)沙滩风情(搜狐网,2015 年 11 月 22 日)

(98)美国流浪汉的旅行纪实(光明网,2015 年 4 月 6 日)

(99)釜山一日(搜狐网,2015 年 11 月 22 日)

(100)布达佩斯游记(搜狐网,2015 年 10 月 31 日)

(101)多哈机场掠影(搜狐网,2015 年 11 月 23 日)

(102)乌兹别克斯坦模式印象(乌兹别克斯坦资讯,2015 年 4 月 9 日)

(103)伊斯坦布尔的光影故事(土耳其不土,2015 年 8 月 12 日)

从例(95)至例(103)中不难发现,这些名词都是与旅游紧密相关的,人们通过新闻标题中的这些名词性标记词就能看出,这些新闻是有关旅游的。它们涉及风景、故事、指南等,开门见山,直接点题,读者通过标题就能了解文章大意。

（三）形容词性和副词性标记词语

"一带一路"旅游新闻报道标题中的形容词性标记词语主要有"绝美""美丽""难忘""神秘""奇怪""惊险刺激""奇妙绝伦""壮观""热门""壮丽""古老""浪漫""和谐"等；副词性标记词主要是"最"。形容词性标记词和副词性标记词"最"在标题里往往共现，共同来说明旅游新闻报道的内容。形容词性标记词语统计结果如表4-19所示。

表4-19 旅游新闻报道标题中的形容词性标记词语统计

美 绝美 美丽
难忘 神秘 奇怪 惊险刺激 奇妙绝伦
壮观 热门 壮丽 古老 浪漫 和谐

举例如下：

（104）俄罗斯境内的神秘唐代古城（光明网，2015年4月10日）

（105）美丽的度假小镇阿兰亚（光明网，2015年7月28日）

（106）盘点全球最惊险刺激旅游景点（光明网，2015年4月22日）

（107）世界上最危险的步道重新开放（光明网，2015年4月10日）

例（106）和例（107）中的形容词都加了副词"最"修饰，通过与副词"最"共现，达到一种程度上的最高级别，使描写的景点或事物凸显出来，来吸引更多读者的眼球，体现了旅游新闻报道标题在用词方面感染力强的特点。

"一带一路"旅游新闻报道标题中的副词性标记词，主要集中在副词"最"上。我们统计了它在标题里出现的次数，发现共有47次，其中光明网中出现了24次，搜狐网中出现了17次、微信公众号中出现了6次。

举例如下：

（108）世界上最危险的步道重新开放（光明网，2015年4月10日）

（109）非洲最壮丽自然景观（光明网，2015年3月25日）

（110）书香浓浓：盘点美国最壮观的11座图书馆（光明网，2015年5月20日）

副词"最"表示程度的最高级，修饰形容词，与所修饰的形容词一起描述旅游景观，强调了焦点信息，增强了标题的"旅游"含义。

二、旅游新闻报道语篇中的词语特点

（一）标记词语

在"一带一路"旅游新闻报道语篇中，出现了很多与旅游相关的标记词语，通过对所搜集的语料进行统计发现，大多都是名词性的词语，动词性的较少，只有"拼假""爆买""血拼"等。根据词语的特点，我们将其分为显性旅游标记词语和非显性旅游标记词语。显性旅游标记词语是指人们一看到这个词语就会想到其所指是旅游，想到与旅游相关的信息；而非显性旅游标记词语是指人们看到该词语时，既可以联想到旅游也可以想到其他方面。我们统计的新闻报道语篇中的显性旅游标记词语有 50 个，非显性的有 35 个。

显性标记词语包括：

丝绸之路旅游年　农业旅游示范点　旅游城市联盟

旅游主宾国　旅游样板国　副主席城市　游客主题餐厅

新型旅游者　旅游特色村　"五一"小长假　国家公园　主题酒店

主题公园　露营服务　旅游联盟　旅游艺术　环球之旅　医疗观光

旅游景点　公路旅行　环球旅行　休闲胜地　旅游外交　旅游市场

旅游安全　旅游合作　旅游医疗　自助游　跟团游　免费游

旅行社　自驾游　度假村　旅游季　赏花游　冰雪游　出境游

海岛游　一日游　环球游　旅游局　纪念品　春游　旅伴　旅行

游轮　拼假　旺季　景区　名胜

非显性标记词语包括：

食品博览会　赶牛下山节　自然保护区　航班路线　直飞航线

租车服务　星级酒店　博物馆　音乐节　大象节　泼水节　目的地

万佛节　樱花节　中国年　植物园　免税店　航线　免签　机票

酒店　血拼　爆买　机场　人气　美食　秘境　起航　自驾　温泉

喷泉　奇观　签证　直飞　瀑布

（二）词语特点

1. 程度副词"最"出现频次高

副词"最"表示程度，相当于"极"，多用于修饰形容词或动词，表示达到一种最高的程度。"一带一路"旅游新闻报道中出现了大量副词"最"。"最"放在形容词前表示最高级，例如"最独特""最著名""最美丽""最年轻"等，在形容词前加"最"，表示一个景点或现象达到了极致。副词"最"的使用突出了新闻的焦点，把最吸引人的内容展现出来，体现新闻追求新颖独特的特点，彰显了语言的力量。例如在《哈萨克斯坦十个最独特的建筑物》一文中，"最"字就出现了9次。

（111）霍加·阿赫梅特·亚萨维陵——哈萨克斯坦<u>最著名</u>的建筑物之一

　　阿斯塔纳——打造为中亚<u>最美丽</u>的城市，这个世界<u>最年轻</u>的首都
　　哈萨克斯坦国家博物馆——中亚<u>最年轻</u>也是规模<u>最大</u>的博物馆之一
　　巴伊铁列克观景塔——已经不是城市<u>最高</u>建筑物，但依然是城市地标
　　可汗大帐——世界上<u>最大</u>的张力结构建筑物
　　巴弗洛达尔清真寺——曾入选全球设计<u>最独特</u>清真寺之列
　　扎尔肯特清真寺——全球<u>最独特</u>的清真寺之一

（哈萨克斯坦资讯，2016年1月6日）

在例（111）中多处使用了副词"最"，凸显了这些地标建筑的魅力，吊起了读者来此一游的胃口。程度副词"最"的使用是旅游新闻报道在词汇使用上的一大特色，"一带一路"旅游新闻报道也离不开副词"最"的使用，例（111）对哈萨克斯坦的建筑物的介绍就体现了这一点。旅游报道中使用副词"最"，传递了独特的景致信息。在对"一带一路"沿线国家和地区的旅游景点及旅游信息的报道中就需要用"最"来介绍一些独具特色的景观，激发人们的兴趣，从而吸引游客。在我们所搜集的语料中，副词"最"的统计结果如表4-20所示。

表4-20　旅游新闻报道语篇中副词"最"词频统计

媒体	"最"的频次	举例
光明网	202	最惊险刺激　最壮丽　最阔气　最壮观
搜狐网	173	最浪漫　最热门　最常去　最美
微信公众号	87	最著名　最美丽　最独特　最大

由表 4-20 可知,"最"在几大媒体中的使用频率都很高。这是"一带一路"旅游新闻报道的特色。要介绍不同国家的旅游景点,就一定会涉及那些最具有代表性的特色景观,"最"的使用就顺理成章了。通过"最"的使用,在报道上展示了语言的宣传力量,增强了景点的吸引力,进而增加了相应的游览量,提高了经济效益。

2. 儿化词使用频次较高

儿化现象是现代汉语中的一种特殊语音现象,常用来指小的事物或亲切、喜爱的感情色彩。"一带一路"旅游新闻报道语篇中出现了很多儿化词,比如"风儿""事儿""花儿""新鲜劲儿""地儿"等等。由于儿化词的使用,旅游新闻报道的语言活泼生动了许多。儿化词在"一带一路"旅游新闻报道中出现的频率还是很高的,形成了旅游新闻报道语篇的一个重要特点,数据统计如表 4-21 所示。

表 4-21　旅游新闻报道语篇中儿化词词频统计

媒体	儿化词词频	举例
光明网	35	扎堆儿、一会儿、海腥味儿、在那儿
搜狐网	56	半截儿、花儿、事儿、小鱼儿
微信公众号	36	这儿、玩儿

儿化词在旅游新闻报道语言中使用频次较高,说明旅游新闻报道语言更注重商业化效果,将读者作为潜在的游客,用更加贴近旅游生活的儿化词语拉近与读者的距离,以达到吸引读者旅游的目的。

3. 语气词使用频次较高

语气词是附着在词或句子后表示说话者感情或情绪的词,比如"吧""啊""呢""吗"等。使用语气词可以更好地表达作者的情感。在"一带一路"旅游新闻报道的语篇里也出现了很多语气词来表示不同的情绪。统计数据如表 4-22 所示。

表 4-22　旅游新闻报道语篇中语气词词频统计

媒体	吧	啊	呢	吗
光明网	147	14	42	9
搜狐网	105	42	98	24
微信公众号	68	24	23	7

举例如下:

（112）想想也对，光吃草，哪有体力叩头呢？（蒙古最大的寺庙，搜狐网，2015年10月31日）

（113）让我们一起来探寻这些如秘密宝石般珍贵的自驾旅行路线吧！（盘点：美国七大奇妙绝伦的公路旅行，光明网，2015年6月30日）

（114）400棵哦！（济州岛，泡菜和烤肉的美好人生，搜狐网，2015年10月29日）

（115）在酒厂的小小博物馆，见识了俄罗斯当年的粮票，真亲切啊！（说好的俄罗斯免签呢？，搜狐网，2015年10月30日）

不同语气词的使用，表达出作者不同的情绪，传递给读者不一样的主观信息。例（112）至例（115）中，通过"呢""吧""哦""啊"几个语气词的使用，为报道语言增添了作者的主观情感或态度色彩，从而引发读者的共鸣。

4. 网络词使用频次较高

网络词是随着互联网的发展而出现的词语，在网络媒体中常会有一些流行词语，如"吃货""秒杀""鲜肉""好盆友""脑补""神奇的东东""单身狗"等。不论是在光明网、搜狐网还是微信公众号的旅游新闻报道语篇中，都可以发现很多网络词，统计数据如表4-23所示。

表4-23　旅游新闻报道语篇中网络词词频统计

媒体	网络词词频
光明网	18
搜狐网	56
微信公众号	20

举例如下:

（116）到处都是可爱的喵星人和汪星人，连村上春树都无法抵御它们的诱惑！（土耳其这么美，不去会后悔，搜狐网，2015年1月4日）

（117）涨姿势，你不知道的12个冰岛小秘密（你不知道的冰岛小秘密，搜狐网，2015年11月2日）

例（116）和例（117）中的"喵星人""汪星人""涨姿势"都是网络

词语。网络词语具有流行度广、新词语多的特点,由于流行范围广、传播速度快,易于被网民接受。这些词语的使用体现了"一带一路"旅游新闻报道紧跟时代步伐的特点。

随着互联网的迅速发展,许多网络词语应运而生,并经网络交际平台走向了其他领域。"一带一路"旅游新闻报道中出现了很多使用网络词的语句。网络词的频繁使用是"一带一路"旅游新闻报道的词汇特色。

以上我们主要从标题和语篇两个层面,分析了"一带一路"旅游新闻报道的词语特色。第一部分统计了标题中的标记词语,集中体现在动词、名词、形容词、副词的使用上。第二部分则是对报道语篇中词语使用情况进行了分析。首先,统计了旅游新闻报道语篇中出现的标记词;接着对词语的特点进行了分析,发现这些词语中,副词"最"、儿化词、语气词、网络词出现频次较高。这些语篇标记词多与旅游相关,通过词语吸引读者,并宣传旅游景点及事件;同时,还有一些与"一带一路"旅游相关的词语,这些词语与"一带一路"沿线国家的旅游业发展紧密相连。正是这些词语的使用,使"一带一路"旅游新闻报道特色明显,形成了报道语言的独特风格。

第五章
"一带一路"新闻报道标题辞格分析

第一节 "一带一路"政策法规新闻报道标题辞格分析

　　新闻标题是整个新闻报道非常重要的组成部分，可以向读者提供"第一面"的简要信息，同时，在很大程度上，一篇报道的质量可以从新闻标题运用得好坏中直接感知。当下正处于"读题时代"，新闻标题成为读者阅读新闻的向导和优先影响因素。因此，新闻报道的写作者通常非常注重在新闻标题上下功夫。为了使新闻报道更具有吸引力，写作者常常在新闻标题中运用修辞格，力求更为准确、鲜明地体现主题。从理论上讲，汉语的修辞格都可以在标题中使用，但实际上，由于新闻标题自身的特点以及需求，在修辞格使用上往往会有一定的倾向性。经我们统计人民网、澎湃新闻、"乌兹别克环球零距离"和"'一带一路'法律服务国际合作组织"两个微信公众号，发布的政策法规类新闻报道标题的修辞格使用情况，具体结果如表5-1所示。

表5-1 政策法规新闻报道标题常用辞格统计

修辞格		媒体			
		人民网	澎湃新闻	乌兹别克环球零距离	"一带一路"法律服务国际合作组织
引用	条数	891	63	3	1
	占比/%	31.5	14.7	14.7	2.6
设问	条数	14	58	4	0
	占比/%	0.5	13.5	12.1	0
比拟	条数	113	13	4	0
	占比/%	4.0	3.0	12.1	0
比喻	条数	56	5	2	0
	占比/%	2.0	1.2	6.1	0
其他	条数	21	14	2	0
	占比/%	0.7	3.3	6.1	0
总计	条数	10.95	153	15	1
	占比/%	38.7	35.7	45.5	2.6

根据第三章第一节中统计的以上各类平台关于"一带一路"政策法规新闻报道的总数,由表 5-1 可知,人民网中使用修辞格的新闻标题共有 1095 条, 占所有新闻标题的占比为 38.7%;澎湃新闻中使用修辞格的新闻标题共有 153 条, 占所有新闻标题的占比为 35.7%;"乌兹别克环球零距离"微信公众号中使用修辞格的新闻标题共有 15 条,占所有新闻标题的占比为 45.5%;"'一带一路'法律服务国际合作组织"微信公众号中所发布的报道中只有 1 条的标题使用了引用修辞格,占比仅为 2.6%,这可能与其偏重案例介绍和政策法规文本解读有关。从总体上看,人民网、澎湃新闻和"乌兹别克环球零距离"微信公众号中使用修辞格的新闻标题确实占有一定的比重。不过进一步观察人民网、澎湃新闻中使用的修辞格,可以发现常用的修辞格也只是有限的几类,并且各类修辞格的使用频率也不平衡。人民网中使用引用修辞格的新闻标题就有 891 条, 占人民网所有使用修辞格的新闻标题总数的 81.4%,澎湃新闻中使用引用和设问修辞格的分别有 63 条和 58 条, 二者之和占澎湃新闻所有使用修辞格的新闻标题总数的 79.1%。下面我们对政策法规类新闻报道中使用的修辞格做具体分析。

一、引用

引用修辞就是援引他人的话,引用辞格在新闻标题中使用, 常把正文中涉及的新闻人物说的话引入标题之中。在政策法规类新闻报道中,引用他人的一句话作为标题,能够直接阐述人物观点,将新闻报道的立场在第一时间呈现出来,使报道更具说服力,从而达到快速吸引读者的目的。

根据表 5-1 可知,人民网、澎湃新闻及"乌兹别克环球零距离"和"'一带一路'法律服务国际合作组织"两个微信公众号中有关政策法规报道的新闻标题,使用引用修辞的数量和比例具有很大的差异。人民网中使用引用修辞的新闻标题占全部新闻标题的比例为 31.5%;澎湃新闻中使用引用修辞的新闻标题占全部新闻标题的比例为 14.7%;"乌兹别克环球零距离"微信公众号中使用引用修辞的新闻标题占全部新闻标题的比例仅为 9.1%;"'一带一路'法律服务国际合作组织"微信公众号中使用引用修辞的新闻标题占比更低, 仅为 2.6%。例子如下:

(1)中国副外长:"一带一路"不是地缘战略工具,不针对任何国家

（澎湃新闻，2015 年 3 月 21 日）

（2）对话法国前总理德维尔潘："一带一路"将重构国际秩序（乌兹别克环球零距离，2015 年 5 月 27 日）

（3）王毅："一带一路"倡议与本地区现存各机制并行不悖（人民网，2014 年 3 月 8 日）

（4）亚投行临时秘书长：中国不会以老大自居，有事好商量（澎湃新闻，2015 年 3 月 22 日）

（5）"一带一路"终将形成"命运共同体"（人民网，2014 年 2 月 24 日）

（6）习近平将出席下周博鳌论坛，力挺中国重要"主场外交"（澎湃新闻，2015 年 3 月 28 日）

从是否标明引语的来源来看，可以将引用分为明引和暗引两类。明引是指在引语的前后明明白白地告诉读者引语的出处和来源。引语可以直接引原话，如例（1）中直接引用中国副外长的原话"'一带一路'不是地缘战略工具，不针对任何国家"；也可以不引原话，略引大意，如例（2）中"'一带一路'将重构国际秩序"，引语有无引号均可。在政策法规类新闻报道的标题中，引语的来源通常很明确，一般为知名的政府官员或相关专家学者说的话，有些直接标明人物名字，如例（3）中的外交部部长"王毅"，也有的标明职务名称，如例（4）中的"亚投行临时秘书长"。暗引则既不标明引语出处，也不单独引用，引用的部分作为标题的一部分，和其他成分共同构成整个标题，如例（5）中的"命运共同体"和例（6）中的"主场外交"都属于暗引。"命运共同体"是 2014 年 3 月习近平主席在联合国教科文组织总部演讲时提出的，其原话为"当今世界，人类生活在不同文化、种族、肤色、宗教和不同社会制度所组成的世界里，各国人民形成了你中有我、我中有你的命运共同体"。"主场外交"则是外交部部长王毅在 G20 杭州峰会筹备中提出的，其原话为"杭州 G20 峰会将是中国今年最重要的主场外交"。

在政策法规新闻报道标题中，引用类型的选择具有很明显的倾向性，明引的使用比例远大于暗引。这主要是为了以更明晰和直接的方式吸引读者的注意。同时，使用明引也能进一步增加政策法规报道的公信力，助推其在受众中的传播。

二、设问

根据表 5-1 可知，在政策法规新闻报道标题中使用设问，也是一种常见的方式。因为设问不仅可以设置悬念，引起读者注意，而且通过发问，可以强烈地表达作者的观点，引发读者思考。据统计，"'一带一路'法律服务国际合作组织"微信公众号中有关政策法规报道的标题没有使用设问修辞的。人民网、澎湃新闻和"乌兹别克环球零距离"微信公众号中有关政策法规报道的新闻标题，使用设问修辞的数量和比例也有很大差异。人民网中使用设问修辞的新闻标题占全部新闻标题的比例仅为 0.5%；澎湃新闻中使用设问修辞的新闻标题占全部新闻标题的比例为 13.5%；"乌兹别克环球零距离"微信公众号中设问修辞的新闻标题占全部新闻标题的比例为 12.1%。例子如下：

（7）斯里兰卡新政府转向对中国态度冷淡？这种说法有点夸张了（澎湃新闻，2015 年 3 月 3 日）

（8）如何分区域布局中国国家战略海上丝路建设？东南亚是关键（澎湃新闻，2015 年 2 月 2 日）

（9）如何消除他国误解和猜疑？中国中东外交需要稳健心态（澎湃新闻，2014 年 6 月 3 日）

（10）"海上丝绸之路"对维护中国南海权益有何作用？（澎湃新闻，2015 年 2 月 11 日）

（11）中国的"一带一路"会被动荡的希腊"连累"吗？（澎湃新闻，2015 年 1 月 28 日）

（12）服务"一带一路"10 项税收措施有啥干货，看图解！（乌兹别克环球零距离，2015 年 4 月 28 日）

（13）三角平衡？乌兹别克斯坦在"一带一路"中的多重角色（乌兹别克环球零距离，2015 年 12 月 25 日）

（14）"一带一路"是机遇还是挑战（乌兹别克环球零距离，2015 年 8 月 11 日）

（15）为何"一带一路"是未来 20 年香港最重要机会？（人民网，2015 年 6 月 22 日）

新闻标题中的设问，按照设问答案在标题中出现的情况可以分为两类：一类是标题中将问题放在前面，紧接着答案随着出现；另一类是在标题中将问题列出，不给予回答。例（7）至例（13）的答案在标题中已经给出，并且紧随着前面的问题而出现，这种标题模式属于第一类。而例（14）和例（15）的答案则在报道的正文中出现，这种标题模式属于第二类。在多数情况下，设问的答案都会出现正文中，这样可以在标题中设置悬念，吸引读者阅读正文，同时也可以引发读者思考。根据设问的目的来看，我们还可以将设问分为以下两类：是为提醒下文而问的，我们称为提问，这种设问必定有答案在标题的下文中；是为激发本意而问的，我们称为激问，这种设问必定有答案，而且答案是在设问基础上予以的否定回答（陈望道，1997）[134]。根据对搜集的新闻报道的分析发现，标题设问的答案大都在报道正文中出现，大多数设问类型都是提问，如例（14）中"'一带一路'是机遇还是挑战"，例（15）中"为何'一带一路'是未来20年香港最重要机会？"这些都可以在正文中得到明确的答案。另外还有一些标题属于激问，如例（7）中"斯里兰卡新政府转向对中国态度冷淡？这种说法有点夸张了"，该报道讲的是斯里兰卡新政府上台后，为平衡与中国和印度的关系，对中国的态度倾向于中立，并非冷淡。在标题中先提出这样的问题，再从反面论证而得出结论，反驳了设问中的观点。

三、比拟

比拟是"语言活动中将人之生命情状移注于物或将物之情状移植于人以达到物我情趣的往复回流，从而彰显表达者特定情境下物我同一的情感状态，使语言表达更具生动性和形象性，以之感染受交际者（接受者）来达成与之共鸣的思想情感状态"（吴礼权，2006）[82]。政策法规新闻报道标题运用这样的修辞手法可以使枯燥的报道在表达形式上变得生动活泼，而且能够唤起读者丰富的想象和联想，体味其中的情味，进而实现用文章标题吸引读者注意的目的。

根据表5-1的统计，人民网、澎湃新闻和"乌兹别克环球零距离"微信公众号中有关政策法规新闻报道标题也有很多使用了比拟修辞。人民网中使用比拟修辞的新闻标题占全部新闻标题的比例为4.0%；澎湃新闻中使用比拟修辞的新闻标题占全部新闻标题的比例为 3.0%;"乌兹别克环球零距离"微信公众号中比拟修辞的新闻标题占全部新闻标题的比例为12.1%。以下为一些例子:

（16）"一带一路"为新商机带路　助力各方互利共赢（人民网，2014年2月25日）

（17）中国银行牵手大龙网　服务"一带一路"国际贸易客户（人民网，2015年6月18日）

（18）一条管道，挽起中乌友谊之手（乌兹别克环球零距离，2015年12月14日）

（19）"一带一路"国家瞄准绿色经济（乌兹别克环球零距离，2015年10月8日）

（20）"一带一路"为新商机带路　助力各方互利共赢（人民网，2014年2月25日）

（21）融入"一带一路"倡议　构筑西南"开放高地"（人民网，2014年7月7日）①

（22）巴基斯坦豪门政治有雷区，"中巴经济走廊"怎么走（澎湃新闻，2015年3月17日）

（23）"一带一路"不存在站队（澎湃新闻，2014年11月7日）

比拟分为拟人和拟物两种。拟人是把人之外的事物当人来写，通过联想和巧妙的联系，将人的言行和思想感情赋予事物，使表述的物"活"起来。拟物可以把人当事物来写，同时也可以把甲事物当作乙事物来写。

拟人的手法是将人的动作或思想感情用于物的身上，上述例（16）和例（17）采用的都是拟人的手法。例（19）中的"'一带一路'国家瞄准绿色经济"，"瞄准"一词通常用在射击领域，射击者在"瞄准"之前已经通过反复的观察对目标加以确定。这里用"瞄准"比拟"一带一路"相关国家，表明"一带一路"国家选择"绿色经济"是经过深思熟虑、反复考察的，在一定程度上也表现了"一带一路"国家对发展"绿色经济"的结果和决心。又如例（20）中的"'一带一路'为新商机带路　助力各方互利共

---

① 鉴于国家媒体报道中统一用"'一带一路'倡议"的说法，现将早期报道中的部分说法改为"'一带一路'倡议"。

赢",用"带路"比拟"一带一路"倡议,形象地表现了"一带一路"倡议的导向作用,即各方的新商机是由"一带一路"倡议引导的。通过拟人修辞,"一带一路"倡议充满活力的形象就被形象地展现在读者面前。

四、比喻

比喻就是打比方,是用本质不同又有相似点的事物描绘事物或说明道理的辞格,也叫"譬喻"(黄伯荣 等,2002)。比喻可以使事物形象化,给人留下深刻的印象;可以使说理浅显易懂、易于接受;还可以使叙事具体化,使表述更加清楚明白。政策法规新闻报道的标题中使用比喻修辞,不仅可以使标题言简意赅、生动具体,而且能引发人们联想,无形中扩充标题的信息容量,使标题更具有感染力、说服力。因此,在政策法规新闻报道标题中也能看到比喻修辞的用法。

人民网、澎湃新闻和"乌兹别克环球零距离"微信公众号中有些政策法规新闻报道的标题使用了比喻修辞。据表 5-1 的统计,人民网中使用比喻修辞的新闻标题占全部新闻标题的比例为 2.0%,澎湃新闻中使用比喻修辞的新闻标题占全部新闻标题的比例为 1.2%,"乌兹别克环球零距离"微信公众号中使用比喻修辞的新闻标题占全部新闻标题的比例为 6.1%。以下为一些例子:

(24)波兰:响应中国"一带一路"倡议的中欧"门户"(人民网,2015年 6 月 19 日)

(25)深圳应主动对接"一带一路"倡议 打造海上丝绸之路桥头堡(人民网,2015 年 2 月 14 日)[①]

(26)驻英大使面对英美高级将领演讲:中国是伸张正义的功夫熊猫(澎湃新闻,2014 年 11 月 13 日)

(27)聚焦"一带一路":焕发生机的丝路大动脉 全面覆盖乌兹别克斯坦等铁路站点(乌兹别克环球零距离,2015 年 10 月 29 日)

(28)望海楼:"一带一路"为大鹏插上新翅膀(人民网,2014 年 5 月 7 日)

---

① 鉴于国家媒体报道中统一用"'一带一路'倡议"的说法,现将早期报道中的部分说法改为"'一带一路'倡议"。

（29）"一带一路"上没有"盟主"（澎湃新闻，2015年3月27日）

根据本体、喻体和比喻词的隐现情况，可以将比喻分为明喻、暗喻和借喻三类。明喻是本体、喻体和比喻词都出现的修辞手法，形式上非常明显。不过在政策法规类新闻报道的标题中由于字数的限制，明喻出现的频率很低，在目前搜集到的所有新闻标题中，尚无一例是运用明喻的。暗喻是只出现本体和喻体，没有比喻词或者本体和喻体用"是、成为"等词语连接的修辞手法。如例（24）将"波兰"比作"门户"说明波兰的重要地位，例（25）中将"深圳"比作"海上丝绸之路桥头堡"，彰显深圳市在参与"一带一路"倡议中的积极作用，例（26）中将"中国"比作"伸张正义的功夫熊猫"，例（27）中将"铁路"比作"大动脉"，不仅将铁路站线的纵横交错形象生动地表现出来，而且还强调了这些铁路站线在"丝绸之路经济带"上的重要性。借喻是只出现喻体，不出现本体和比喻词的修辞手法，将喻体放在本体本该出现的位置，使标题更加简洁。例（28）中用"大鹏"替代"中国"、用"翅膀"替代"发展新机遇"，生动地表达了"一带一路"倡议对未来中国发展腾飞的重要作用。又如例（29）中用"盟主"比喻"称霸国家"既生动地展现出"一带一路"倡议"合作共赢、互信互利"的精神实质，又降低了标题的敏感程度。

五、其他修辞

根据对目前搜集到的新闻标题的分析，人民网、澎湃新闻和"乌兹别克环球零距离"微信公众号中有关政策法规类新闻报道的标题也有极少数使用了用典、对偶、倒装等其他修辞手段。据表5-1统计，人民网中使用用典和对偶修辞的新闻标题共有21条，占全部新闻标题的比例为0.7%；澎湃新闻中使用用典修辞的新闻标题共有14条，占全部新闻标题的比例为3.3%，并且没有一个用到了对偶修辞；"乌兹别克环球零距离"微信公众号中使用用典和对偶修辞的新闻标题共有2条，占全部新闻标题的比例为6.1%。与借助用典和对偶的情况相比，倒装修辞的使用数量更少，只在澎湃新闻上发现1条，即"海上丝绸之路是否经过，菲律宾很关心（2014年11月12日）"。下面我们主要对"一带一路"政策法规类的新闻报道标题中的用典和对偶修辞进行分析。

（一）用典

用典，是一种运用古代历史故事或者有出处的词语来说写的修辞文本模式（吴礼权，2006）[149]。"典"中包含着丰富的历史、文化知识。在政策法规类新闻报道的标题中用典，可以增加标题内涵，吸引读者注意力，激发读者继续阅读的兴趣。以下为一些例子：

（30）望海楼："一带一路"为大鹏插上新翅膀（人民网，2014年5月7日）

（31）中国海外战略布局：可学郑和建"商栈"做法设立印度洋补给站（澎湃新闻，2015年3月18日）

（32）商务部：中国企业对外投资不是"马歇尔计划"（澎湃新闻，2015年1月21日）

例（30）中的"大鹏"出自《庄子》名篇《逍遥游》，把"中国"比喻成"大鹏"，"一带一路"机遇就是"新翅膀"，用来说明"一带一路"倡议为中国增添了希望与机遇；例（31）引用了"郑和下西洋"的历史故事，用来说明建"商栈"设立印度洋补给站的可行性；例（32）涉及历史上有名的欧洲复兴计划。

（二）对偶

对偶，是用结构相同或相似、字数相等、在意义上密切联系的两个短语或句子对称地排列出来的修辞手法。对偶修辞可以使音节整齐对称，意义概括集中，读起来朗朗上口。以下为一些例子：

（33）连接亚欧贸易 融汇东西文明（人民网，2014年6月30日）

（34）托举各国人民梦想 承载四海宾朋愿景（人民网，2014年7月1日）

（35）"一带一路"激活西部经济 中国彩灯点亮米兰世博会（乌兹别克环球零距离，2015年9月5日）

例（33）至例（35）中前后分句字数基本相同，结构一致，属于对偶修辞手法的标题。

此外，在统计新闻标题辞格使用情况的过程中，我们还发现这些使用修辞格的新闻标题没有一条属于文本性报道。文本性报道的内容是政策法规文本，需要传达政策法规的信息，保持政策法规的准确性、简明性、严谨性和庄重性，因此使用修辞格较少。而使用修辞格的解读性和评述性报道的新闻标题，一半以上都使用了引用修辞格，引用修辞中的引语可以是俗语、成语、谚语、格言等，但是政策法规新闻报道标题中的引语绝大多数是正文中出现的新闻人物的观点，这主要是为了增强所报道政策和法规的公信力，并且能以最快的速度向读者传递政府的声音。"一带一路"政策法规报道的标题在逻辑严密的论证方式中渗透着感情，是感性的说理。在报道中，语言的准确性、严谨性，与生动性、形象性交融在一起，构成了这类报道个性鲜明的特征。

第二节 "一带一路"经济新闻报道标题辞格分析

新闻传播者根据新闻主题，用新闻材料和多种表现手法，恰当地表现新闻事实的活动叫作新闻修辞。新闻修辞指的是一种修辞现象，一种出现在新闻修辞活动过程中的语文现象。（郑旷，1992）"一带一路"经济新闻报道标题中，大量运用了拟人与比喻修辞，使得标题既具有吸引力，又充满感情色彩。

拟人修辞方法是指把事物人格化，具有色彩鲜明、描绘形象的作用，能使人或事物更生动形象，更利于表达作者鲜明的感情色彩，增强语言的亲切感。

比喻是用本质不同又有相似点的事物描绘事物或说明道理（陶莉，2012）。使用比喻修辞，可以使事物生动形象，易于引发读者想象和联想，使得表达内容给人留下鲜明深刻的印象，富有很强的感染力、说服力。

引用修辞是援引他人的话的修辞格，引用辞格在新闻标题中使用，常把正文中涉及的新闻人物的话引入标题之中。在政策法规报道中，引用他人的一句话作为标题，能够直接阐述人物观点，将新闻报道的立场在第一时间呈现出来，使报道更具有说服力，从而达到快速吸引读者的目的。

"一带一路"经济新闻报道旨在促进经济合作与交流，我们以"一带一路"经济新闻报道标题为文本，收集整理了具有倾向性的修辞手法，例如拟人修辞、比喻修辞以及引用修辞等的表达。具体分析如表 5-2 所示。

表 5-2 经济新闻报道标题中的修辞手法举例

词语	修辞手法	举例
拉动	拟人	（36）专家预计"一带一路"今年或拉动投资4000亿（新华网，2015年3月29日）
撬动	拟人	（37）"一带一路"将撬动万亿资金出海 企业界热情高涨（新华网，2015年3月30日）
引领	拟人	（38）侨领李俊辰："一带一路"将引领世界青年创业创新（新华网，2015年3月30日）
造福	拟人	（39）"一带一路"造福沿线百姓 （新华网，2015年3月29日）
抢筹	拟人	（40）沿线城市抢筹"一带一路"红利 覆盖区域或扩围（新华网，2014年5月16日）
掘金	拟人	（41）如皋企业掘金"一带一路"（新华网，2015年7月6日）
赢家	比喻	（42）公众预期 新疆将成为"一带一路"最大赢家（新华网，2015年7月12日）
桥头堡	比喻	（43）日照港：构筑"东延西展"桥头堡 对接"一带一路"（新华网，2015年3月30日）
合唱	比喻	（44）习近平："一带一路"不是独奏是合唱（2015年3月29日）
排头兵	比喻	（45）国投新丝路成"一带一路"主题基金排头兵（新华网，2015年6月30日）
"中国梦"	引用	（46）"一带一路"倡议，是伟大"中国梦"的合理延伸（新华网，2014年3月12日）①
"海南行为准则"	引用	（47）李克强："南海行为准则"尽早达成，中泰、中老铁路尽早开工（新华网，2015年11月22日）
"黑洞"	引用	（48）中巴经济走廊的隐忧：如何避免陷入那个"黑洞"？ （新华网，2015年12月6日）
"容克计划"	引用	（49）"一带一路"有望与"容克计划"对接（新华网，2015年6月30日）
"马歇尔计划"	引用	（50）商务部：中国企业对外投资不是"马歇尔计划"（新华网，2015年1月21日）

---

① 鉴于国家媒体报道中统一用"'一带一路'倡议"的说法，现将早期报道中的部分说法改为"'一带一路'倡议"。

例（36）至例（41）使用了拟人的修辞，把"一带一路"比拟成有血有肉的生命体，用"拉动""撬动""引领""造福""抢筹""掘金"等动词来表达。例（42）至例（45）中均采用了比喻修辞手段，如将"新疆"比喻成"赢家"、将"一带一路"比喻成"合唱"等。由此可以看出，使用比喻修辞手段作为标题，往往需要阅读报道内容，才能真正理解标题的含义。例（48）至例（52）中属于引用修辞，分别引用"中国梦""海南行为准则""黑洞""容克计划""马歇尔计划"等。所引用的内容都是具有特定意义的内容，有的内容广为人知，有的内容可能看了报道才能明白。

第三节 "一带一路"文化交流新闻报道标题辞格分析

在第四章第三节中，我们统计了"一带一路"文化交流新闻报道标题中象征性名词的出现情况，在这里，我们将详细分析其修辞手法的运用。如表5-3所示。

表5-3 文化交流新闻报道标题中的修辞手法举例

词语	修辞手法	举例
窗口	暗喻	(51)积极融入"一带一路" 逐步实现跨越发展 丽江 把窗口开得更大（人民网，2015年1月13日） "窗口"表示丽江的开放程度。
黄金廊道	暗喻	(52)嘉峪关：打造文化旅游的黄金廊道（人民网，2015年10月20日） "黄金廊道"表示要将嘉峪关发展成旅游重地。
名片	暗喻	(53)亮出滇西教育新"名片"——大理大学实现跨越式发展的启示（人民网，2015年5月12日） "名片"指大理大学教学新方针。
文化桥	暗喻	(54)丝路金桥，"一带一路"上的文化桥（人民网，2016年3月3日） "文化桥"指雕塑品"丝路金桥"沟通中外。
新品牌	暗喻	(55)青岛会展：走向世界的新品牌（人民网，2014年7月3日） "新品牌"指青岛会展是青岛打造的面向世界的新品牌。

续表

词语	修辞手法	举例
文化桥梁	借喻	(56)架起心灵沟通的"文化桥梁"(人民网，2015年11月9日) "文化桥梁"指借助文化交流实现民心相通。
伙伴	借喻	(57)亲密的邻邦，特殊的伙伴(人民网，2015年11月8日) "伙伴"表示新加坡是中国的邻邦与伙伴。
黄金时代	借喻	(58)开创合作共赢的黄金时代(人民网，2015年10月19日) "黄金时代"指第五次中欧经贸高层对话指出的"丝路时代"。
壮丽画卷	借喻	(59)天山下的壮丽画卷(天山网，2015年10月11日) "壮丽画卷"指培智2008年创作的油画《来自高原的祈福——"519"国家记忆》
友谊纽带	借喻	(60)让文化交流缔结友谊纽带(人民网，2015年9月19日) "友谊纽带"指"感知中国——中国西部文化澳新行"活动。
雨点儿	借喻	(61)让百姓看到"一带一路"的"雨点儿"(人民网，2015年8月28日) 俗语"光打雷不下雨"引出的"雨点儿"，指实事。
中国风	借喻	(62)美国书展中国主宾国活动素描：纽约聆听中国风(人民网，2015年6月5日) "中国风"指中国应邀作为主宾国，参加美国书展全球市场论坛。
友谊颂	借喻	(63)中非牵手，友谊颂越唱越动情(人民网，2015年4月2日) "友谊颂"指2015南非"中国年"。
文化之魂	借喻	(64)铸陶瓷文化之魂(人民网，2015年3月13日) "文化之魂"说明景德镇学院是陶瓷文化艺术人才培养基地。
金字招牌	借喻	(65)青岛"两会"闭幕 部署打造新"金字招牌"(人民网，2015年2月26日) "金字招牌"说明国家"一带一路"发展倡议搭建了中国与世界合作新平台，青岛抢占先机，率先启动"丝路对话"。
千年瓷都	借代	(66)千年瓷都沿着"海丝"走世界(人民网，2015年1月23日) "千年瓷都"代指德化。
丹青手	借代	(67)描绘美丽新疆的丹青手(人民网，2015年5月29日) "丹青手"代指《闽疆情丝——林峰中国水墨人物画展》创作者。
蓉城	借代	(68)蓉城魅力汇聚全球目光(人民网，2016年1月6日) "蓉城"代指成都。

前文中已提及新闻标题使用修辞的作用，本节主要分析比喻修辞手法在新闻标题中的运用。例（51）至例（55）使用了暗喻的修辞，基本形式

为先出现本体，之后紧接着喻体，一般没有喻词的出现。本体喻体平行出现，使得读者一目了然。如例（54）"丝路金桥，'一带一路'上的文化桥"把"丝路金桥"这一艺术品比作"一带一路"交流中的"文化桥"，体现了其文化价值，并且还突出了其沟通世界、连接大陆的作用。例（56）至例（65）使用了借喻的手法，借喻作为标题，实际上有一种设置悬念的作用，易于引起读者阅读兴趣。借喻是以喻体代替本体，本体和喻词皆不出现的修辞手法。"一带一路"文化交流新闻报道标题运用借喻，是一种与内容联系更加紧密的标题形式，如果读者不了解内容，就不能充分理解标题的意义，例（56）其中"文化桥梁"指的就是报道中的"第十四届亚洲艺术节"，运用借喻更加形象生动地说明了此次艺术节的作用及意义。由此可以看出，使用借喻修辞手段作为标题，往往需要阅读报道内容，才能真正理解标题的含义。

例（66）至例（68）使用了借代的修辞手法，指的是不直接表达要说的人或者事物，而是借助与此事物有密切关系的其他事物来代替。用借代的修辞手法，会使得新闻标题含蓄简洁、富有趣味。例（66）"千年瓷都"为德化的代名词。例（67）"丹青手"指的是《闽疆情丝——林峰中国水墨人物画展》中的创作者，借此画作沟通了新疆与福建，把美丽的新疆景色带到祖国的东南沿海。例（68）"蓉城"指的是成都，用"蓉城"代替"成都"，更有生活气息和人文气息。

第四节 "一带一路"旅游新闻报道标题辞格分析

我们统计了光明网、搜狐网、微信公众号中"一带一路"旅游新闻报道标题中的修辞现象，发现主要涉及夸张、比喻和借代等修辞形式。下面我们进行分析。

一、夸张

夸张，是为了达到某种表达效果的需要，对事物的形象、特征、作用、程度等方面着意夸大或缩小的修辞方式。夸张的作用是用言过其实的方法，突出事物的本质，或加强作者的某种感情，烘托气氛，引起读者的联想。在新闻报道中使用夸张的修辞手法能够引起读者丰富的想象和强烈的共鸣。这一点是与"一带一路"旅游新闻报道标题最大化吸引读者的初衷是不谋而合的。例子如下：

（69）乌克兰美女成灾 全球十大美女城市居首（光明网，2015年3月22日）

（70）旅行还要拼意志！爬上这些最恐怖的阶梯看风景去（光明网，2015年5月21日）

（71）日百货店面向中国客推出人气福袋 期待"爆买"（光明网，2016年1月5日）

以上例句中"成灾""最恐怖""爆买"都含有夸张、夸大的意味。为了吸引读者眼球，在"一带一路"旅游新闻报道标题中使用夸张修辞是一大特色。

二、比喻

在"一带一路"旅游新闻报道标题中，为了让读者达到轻松愉悦的阅读感，在报道中多使用比喻修辞方式，不仅能带给读者阅读享受，更能带给读者无限的想象空间，从而激发"前去看看"的想法。例子如下：

（72）万尾沙丁鱼群上演"音乐雪花秀" 梦幻唯美（图）（光明网，2015年12月8日）

（73）被遗弃的金矿之城：空旷荒僻如"鬼城"（光明网，2015年11月19日）

（74）摄影师拍摄深海生物 色彩斑斓如万花筒（光明网，2015年9月29日）

（75）多彩鲁冰花开满北海道山野 似彩虹地毯绚烂美丽（光明网，2015年6月25日）

以上例（72）至例（75）中，分别把"万尾沙丁鱼"比作"音乐雪花秀"，把"被遗弃的金矿之城"比作"鬼城"，把"色彩斑斓"的"深海生物"比作"万花筒"，把开满鲁冰花的"北海道山野"比作"彩虹地毯"。

旅游新闻报道标题中多使用比喻修辞，带给读者更多的美感，吸引更多读者产生阅读兴趣。

三、拟人

拟人是一种常见的修辞手法，把事物人格化的过程就是拟人修辞。在"一带一路"旅游新闻报道标题中，拟人修辞现象出现较多。例子如下：

（76）非洲河马海中悠然乘风破浪逗乐游客（光明网，2015 年 3 月 2 日）

（77）非洲河马与鬣狗"联手"猎杀黑斑羚（光明网，2015 年 7 月 30 日）

（78）西方专家拍摄平壤真容（光明网，2015 年 7 月 30 日）

（79）高清：中国珍稀野生动物"现身"华盛顿公交车（光明网，2015 年 9 月 23 日）

（80）中国南、北大门"联姻" 开拓俄罗斯、东盟旅游市场（光明网，2015 年 11 月 30 日）

以上例句中，例（76）将"河马"比拟成人，在水上"乘风破浪逗乐游客"；例（77）中将"河马"和"鬣狗"比拟成人，"'联手'猎杀黑斑羚"；例（78）中将"平壤"比拟成人，将平壤真实状况说成是"平壤真容"；例（79）中将中国野生动物比拟成人，用"现身"来说明；例（80）中将中国南大门和中国北大门比拟成人，用"联姻"来说明共同开拓俄罗斯及东盟旅游市场。

四、借代

借代是指不直接说出要说的事物的本来名称，而借用和人或事物密切相关的事物的名称来代替。在"一带一路"旅游新闻报道标题中，借代现象也是较常使用的一种修辞手法。例子如下：

（81）陕西宝鸡现山寨"大裤衩"（光明网，2015 年 5 月 19 日）

（82）济州岛：在韩国"夏威夷"邂逅蓝天碧海 （光明网，2015 年 5 月 20 日）

（83）非洲废弃"钻石城"变"鬼城" 沙土埋没昔日繁华 （光明网，

2015 年 6 月 18 日）

（84）出境游暑期将涨价 端午成优惠"末班车"（光明网，2015 年 6 月 9 日）

（85）走近绚丽多姿的"非洲明珠"（光明网，2015 年 7 月 1 日）

（86）探险家勇闯土库曼斯坦"地狱之门"（光明网，2015 年 5 月 8 日）

（87）纽约男子踩"神毯"游街酷似阿拉丁（光明网，2015 年 11 月 3 日）

以上例子中，例（81）用央视办公大楼的建筑的"大裤衩"形状来代替标题中的"陕西宝鸡"出现的同样"大裤衩"形状的建筑；例（82）用"夏威夷"美丽的风光来代替标题中"韩国"的美景；例（83）用"钻石城"代替非洲的昔日繁华之城，用"鬼城"代替沙土埋没的荒废之城；例（84）用"末班车"代替"端午节"出境游是暑期旅游的最后期限；例（85）用"非洲明珠"代替非洲的某一城市；例（86）用"地狱之门"代替土库曼斯坦的一处旅游胜地；例（87）用"阿拉丁"的"神毯"来代替标题中出现的具有神奇功能的毯子。通过以上例子，发现在旅游新闻报道标题中借代修辞手法能给人一种形象鲜活的印象，从而达到吸引读者的目的。

五、感叹

陈望道（2016）指出："深沉的思想或猛烈的感情，用一种呼声或类呼声的词句表现出来的，便是感叹辞。"在"一带一路"旅游新闻报道标题中有一部分采用感叹形式来表达。例子如下：

（88）温柔笃定地，想你！（搜狐网，2015 年 12 月 7 日）

（89）沙巴，你咋不上天呢！（搜狐网，2016 年 1 月 26 日）

（90）腊八过了就是年 异国美食凑热闹！（搜狐网，2016 年 1 月 25 日）

（91）爪哇，这个岛与它的名字一样美！（搜狐网，2015 年 11 月 3 日）

（92）终于见到童话里的美人鱼！（搜狐网，2015 年 12 月 8 日）

（93）这不是安徒生童话里的"洋铁兵"嘛！（搜狐网，2015 年 12 月 1 日）

（94）冰岛咖啡馆大推荐！（搜狐网，2015 年 11 月 30 日）

（95）【北欧】你好啊，冬天！（搜狐网，2015 年 11 月 24 日）

（96）密歇根州州长亲自带您玩起来！（搜狐网，2015 年 11 月 24 日）

下面我们对人民网、搜狐网以及微信公众号中的"一带一路"旅游新闻报道标题修辞手法进行数量统计，如表 5-4 所示①。

表 5-4　旅游新闻报道标题修辞手法统计

修辞手法	条数	所占比例/%	举例
夸张	29	2.7	（97）乌克兰美女成灾　全球十大美女城市居首（光明网，2015 年 3 月 22 日）
比喻	109	10.1	（98）跟着习大大去安塔利亚：地中海边的"明珠"（搜狐网，2015 年 12 月 3 日）
拟人	87	8.0	（99）在偷心的泰北玫瑰世界里，走得好惊艳！【家庭游】（搜狐网，2015 年 12 月 4 日）
借代	65	6.0	（100）出境游暑期将涨价 端午成优惠"末班车"（搜狐网，2015 年 6 月 9 日）
感叹	36	3.3	（101）如梦似幻！实拍日本绝美紫藤隧道（光明网，2015 年 5 月 7 日）

由表 5-4 可知，在"一带一路"旅游新闻报道标题中，出现的修辞格有夸张、比喻、拟人、借代、感叹等。其中，比喻修辞格最多，有 109 条，占总标题数量的 10.1%；拟人修辞格次之，有 87 条，占总标题数量的 8.0%；接着是借代修辞格，有 65 条，占总标题数量的 6.0%；感叹修辞格有 36 条，占总标题数量的 3.3%；最后是夸张修辞格，有 29 条，占总标题数量的 2.7%。在"一带一路"旅游新闻报道中，出现多种修辞手法的表现方式，不仅让报道有了鲜活感，充满了趣味性，还达到了吸引更多读者的目的。这一点与旅游新闻报道的初衷是一致的。

---

① 从人民网中搜集到 499 条，从微信公众号中搜集到 134 条，从搜狐网中搜集到 450 条，共计 1083 条。

第六章
"一带一路"新闻报道语篇结构分析

经过语料统计与分析，我们发现关于"一带一路"各个领域的新闻报道标题在词语选用以及语篇结构上表现出各自的特点，既有相同之处，又有一定的差异。

第一节 "一带一路"政策法规新闻报道标题结构分析

我们对人民网 2828 篇报道、澎湃新闻 429 篇报道以及"'一带一路'法律服务国际合作组织"微信公众号中的 36 条报道标题进行了分类统计，首先按标题结构将这些分为单句结构和复句结构两类，具体统计结果如表 6-1 所示。

表 6-1 "一带一路"政策法规新闻报道标题结构分类统计

媒体	单句结构		复句结构	
	条数	占比/%	条数	占比/%
人民网	2408	85.1	420	14.9
澎湃新闻	266	62.0	163	38.0
"一带一路"法律服务国际合作组织	35	97.2	1	2.8

根据统计，三家网络媒体政策法规报道标题以单句结构为主，澎湃新闻所发布的报道中，复句结构标题的比例也不低，超过了其标题总量的三分之一。

一、标题结构分析

根据分析，单句结构标题主要包括主谓结构、动宾结构、偏正结构三类，具体统计结果如表 6-2 所示。

在人民网和澎湃新闻中，主谓结构占绝大多数，其他结构的标题数量比较少。根据收集的报道标题，澎湃新闻中相关报道的标题没有属于偏正结构的。在"'一带一路'法律服务国际合作组织"微信公众号中偏正结构的标题数量占大多数，另外，主谓结构的标题数量也不少，占到总量的四分之一。

表 6-2　"一带一路"政策法规新闻报道结构标题分类统计

媒体	主谓结构数量		动宾结构数量		偏正结构数量	
	条数	比重/%	条数	比重/%	条数	比重/%
人民网	2209	78.1	139	4.9	60	2.1
澎湃新闻	256	59.7	10	2.3	0	0
"一带一路"法律服务国际合作组织	9	25.0	1	2.8	25	69.4

（一）主谓结构新闻标题

根据分析，主谓结构新闻标题的主语主要由名词、偏正结构、同位语结构充当。此外，还有少数由主谓短语做主语的情况。

1. 标题主语的构成

1.1　名词作主语

例子如下：

（1）"一带一路"，深化中阿合作新契机（人民网，2014 年 6 月 5 日）

（2）澳门将全力参与"一带一路"建设（人民网，2015 年 3 月 29 日）

（3）杨洁篪冀亚洲国家携手共建"一带一路"（人民网，2014 年 4 月 10 日）

（4）发改委正在抓紧编制"一带一路"总规划（人民网，2014 年 6 月 10 日）

（5）"四是四非"夯实"一带一路"倡议定力（人民网，2015 年 3 月 29 日）①

（6）专家称"一带一路"建设东盟华人的参与至关重要（人民网，2015 年 7 月 3 日）

以上标题中的主语部分都是名词，政策法规新闻报道标题中的名词做主语，其中绝大多数名词都是专有名词，如例（1）至例（5），有人名、地名、部门名称以及专门的政策名词。

1.2　偏正短语做主语

例子如下：

---

① 鉴于国家媒体报道中统一用"'一带一路'倡议"的说法，现将早期报道中的部分说法改为"'一带一路'倡议"。

（7）"一带一路"规划年内出台可期（人民网，2014年3月5日）

（8）"一带一路"建设，需要什么样的中国智库（澎湃新闻，2015年6月26日）

（9）国投新丝路成"一带一路"主题基金排头兵（人民网，2015年6月30日）

（10）我国"一带一路"铁路国际货运新格局基本形成（人民网，2015年3月28日）

（11）中国南航夏秋航季亚非欧"一带一路"航班大幅增加（人民网，2015年3月27日）

例（7）和例（8）的主语都是以"一带一路"为修饰语的定中偏正结构，随着"一带一路"的深入开展，类似以"一带一路"作为修饰语的偏正结构常见于报道标题的主语位置。例（9）中偏正结构"国投新丝路"做主语，其后谓语是对主语的说明。例（10）和例（11）中的主语都很长，是多重定语的偏正结构。以例（11）为例，其中心语"航班"前出现了"中国南航""夏秋航季""亚非欧""一带一路"等多个定语。

1.3 同位语短语做主语

例子如下：

（12）泉州市市长郑新聪："一带一路"是泉州千载难逢的新机遇（人民网，2014年3月4日）

（13）马来西亚总理纳吉布：继续实施马新高铁等大型基建项目（"一带一路"法律服务国际合作组织，2016年1月31日）

政策法规新闻报道标题中同位语短语做主语，主要目的是说明人物身份，如例（12）中"泉州市长""郑新聪"、例（13）中"马来西亚总理""纳吉布"的所指相同。

1.4 主谓短语做主语

例子如下：

（14）高铁"走出去"成"一带一路"倡议助推器（人民网，2015年1月6日）[①]

---

① 鉴于国家媒体报道中统一用"'一带一路'倡议"的说法，现将早期报道中的部分说法改为"'一带一路'倡议"。

（15）中国-东盟质检中心加快建设助力"一带一路"（人民网，2015年7月1日）

例（14）和例（15）新闻标题中的主语部分"高铁'走出去'"和"中国-东盟质检中心加快建设"均为主谓短语，其后的谓语部分是对主语部分的补充说明。

2. 标题谓语的构成

根据分析，"一带一路"政策法规报道标题主要有三种情况，即动词性短语做谓语、主谓短语做谓语、复句做谓语，其中谓语为一般动词性短语的情况最为常见。

2.1 动词性短语做谓语

例子如下：

（16）马来西亚为扶持国内就业率将向外来劳工征税（"一带一路"法律服务国际合作组织，2015年12月25日）

（17）"一带一路"为中国和西亚北非合作创造新前景（人民网，2014年5月29日）

（18）中国与中东欧青年政治家将在京探讨"一带一路"倡议对接（澎湃新闻，2015年10月26日）①

2.2 主谓短语做谓语

例子如下：

（19）习近平：中阿共建"一带一路"应坚持共商、共建、共享原则（人民网，2014年6月5日）

（20）呼和浩特："读秒"过关为"一带一路"提速（人民网，2015年7月3日）

2.3 复句做谓语

例子如下：

（21）"一带一路"愿景与行动文件：明确合作重点和机制　亮点多（人民网，2015年3月28日）

（22）李克强："南海行为准则"尽早达成，中泰、中老铁路尽早开工

----

① 鉴于国家媒体报道中统一用"'一带一路'倡议"的说法，现将早期报道中的部分说法改为"'一带一路'倡议"。

（澎湃新闻，2015 年 11 月 22 日）

（二）动宾结构新闻标题

以下 3 例都是动宾结构作为标题，各网络媒体和新媒体中，动宾结构作为新闻标题的报道都不常见。例子如下：

（23）建立中欧共同投资基金对接"一带一路"（人民网，2015 年 7 月 1 日）

（24）深度解读习近平提互联网发展四原则五主张（澎湃新闻，2015 年 12 月 17 日）

（25）解读中国-东盟自贸区升级《议定书》（"一带一路"法律服务国际合作组织，2015 年 11 月 29 日）

（三）偏正结构新闻标题

在"'一带一路'法律服务国际合作组织"公众号中，偏正结构作为标题的报道占多数，这主要因为在该公众号中，报道多属于发布性的，多为政策和法规文本以及相关的法规案件。例子如下：

（26）推动共建"一带一路"愿景与行动的 20 条"干货"（人民网，2015 年 3 月 30 日）

（27）"一带一路"投资之法律风险防范之土耳其（"一带一路"法律服务国际合作组织，2015 年 11 月 5 日）

（28）最高人民法院为"一带一路"建设提供司法服务和保障的典型案例（一）（"一带一路"法律服务国际合作组织，2016 年 1 月 9 日）

（29）"一带一路"现行国内政策法规简要梳理（"一带一路"法律服务国际合作组织，2015 年 11 月 14 日）

（四）复句结构新闻标题

据表 6-1 可知，"一带一路"政策法规新闻报道标题结构分类统计，复句作为标题的数量还是占有一定的比重的，下面将就组成复句的分句间的关系进行分析。

1. 并列关系

例子如下：

（30）"一带一路"内涵丰厚 意义深远（新华网，2015 年 3 月 29 日）

（31）"一带一路"最终圈定18省 重点布局15个港口建设（人民网，

2015 年 3 月 29 日）

（32）李克强向中东欧首脑推销中国高铁，波兰想当"一带一路"物流中心（澎湃新闻，2015 年 11 月 24 日）

以上例子都是并列关系结构的标题，前后没有关联词，用空格或逗号隔开。

2. 顺承关系

例子如下：

（33）四地官员规划"一带一路"建设　积极开拓国际市场（人民网，2014 年 4 月 16 日）

（34）"一带一路"规划本月上报国务院　改单通道为三通道（人民网，2014 年 6 月 18 日）

（35）习近平会见中东欧 16 国领导人，签署"一带一路"建设备忘录（澎湃新闻，2015 年 11 月 26 日）

上述例子中的两个分句都是按照时间或逻辑上的顺序排列的，前后顺序不能调换，用空格或标点符号隔开，并且极少使用关联词。

3. 解说关系

例子如下：

（36）陕"一带一路"2015 行动计划出炉"网络丝路"成亮点（人民网，2015 年 7 月 3 日）

（37）中俄签署 30 多份协议，俄罗斯石油和中石化签订谅解备忘录（澎湃新闻，2015 年 12 月 17 日）

解说关系的新闻标题，其中一个分句是另一分句的具体的解释和补充说明。如例（36）中的后一分句就是对前一分句"2015 行动计划"的补充说明，例（37）中后一分句是对"30 多份协议"的解释说明。

4. 目的关系

例子如下：

（38）国务院同意设立哈尔滨新区，要建成中俄全面合作重要承载区（澎湃新闻，2015 年 12 月 22 日）

（39）参与"一带一路"，为台湾寻找一个机会（人民网，2015 年 7 月 4 日）

以上标题的前后两部分表示目的关系，后一分句中的"要""为"都表目的。

5. 因果关系

例子如下：

（40）沿线城市抢筹"一带一路"红利　覆盖区域或扩围（人民网，2014年5月16日）

（41）南海问题成"一带一路"关键　战略合作亟待加强（人民网，2015年6月30日）

以上复句的分句之间是因果关系，前一分句表示原因，后一分句表达了由此可能会产生的后果，或者需要努力的方向。

第二节　"一带一路"经济新闻报道语篇结构分析

篇章也称为语篇，是指连续的语段或者句子构成的语言整体，是一段有意义、传达完整信息、前后衔接、语义连贯，具有交际目的和功能的言语作品。一个好的篇章是在语言形式和语义上达到了合理的衔接和连贯的言语片段。在结构上，篇章注重表层形式的连接，即篇章各个成分之间需要存在某种形式使它们之间形成一种连接，从而形成篇章的一个可见网络。篇章是言者运用语言手段和受话人进行交际的过程，是不断地在已知信息的基础上阐述未知信息从而推动信息的传递的动态过程。范·迪克（Van Dijk）1972 年从篇章结构角度对篇章衔接进行了细致的研究，侧重对篇章的结构进行清晰描述，研究句子之间的语义关系，阐述存在于篇章衔接上的微观和宏观结构。（刘辰诞 等，2011）对于篇章衔接的手段和方式，语言学界观点并不统一，有广义和狭义之说。狭义的研究只涉及非结构性的词汇手段。韩礼德（Halliday）提出篇章衔接是通过篇章中的不同语法、词汇特性组合到一起实现的，衔接所表示的主要范畴分为语法部分和词汇部分，认为"词汇衔接"指的是在语义上有密切联系的几个词语在篇章中连续出现，是实现篇章衔接的最重要形式。张德禄等（2003）认为篇章衔接不止包括非结构性的语法手段和词汇手段，还有主位结构、及物性、语气结构、信息结构等都属于衔接手段。当然，在新闻报道的语篇中还存在一些衔接手段，如消息来源语、管界动词、时间词语、文中数字等。（余晶，2012）学者们的研究说明，研究语言不应只局限在句子的结构层面，还要研究超句子的结构，研究篇章，研究篇章和篇章接收者的关系（刘辰诞 等，2011）。

篇章结构衔接是篇章语言学研究的重点，我们对"一带一路"新闻报道篇章的研究也主要从篇章衔接角度展开。为方便分析，以下各节我们将把篇章统一称为语篇。本节将主要从词汇衔接情况考察新华网、光明网、天山网"一带一路"经济新闻报道语篇的衔接特点。

（一）名词短语

1. 名词短语复现

名词短语即语法功能相当于名词的短语，在所整理的"一带一路"经济新闻语篇中，发现其通篇主要是通过名词短语的复现来实现语篇的衔接。例子如下：

（42）1—9 月，<u>我国企业</u>与沿线国家投资合作不断增长……

<u>我国企业</u>共对"一带一路"沿线的 48 个国家进行了直接投资……

<u>我国企业</u>在"一带一路"沿线的 57 个国家新签对外承包工程合同 3059 份……

<u>我国企业</u>……

（前 9 月"一带一路"沿线国家对中国投资增 18.4%，天山网，2015 年 11 月 4 日）

此篇报道主要讲述 2015 年"一带一路"沿线国家对中国的投资，全篇主要有四个部分，分别讲述了"我国企业与沿线国家合作""我国企业对沿线国家直接投资""我国企业在沿线国家对外承包工程"和"我国企业承接沿线国家外包服务合同"，通过"我国企业"这一名词短语将全文很好地衔接起来。

（43）至今已成立 60 多年的<u>北京市供销合作总社</u>，……<u>北京市供销合作总社</u>将于 12 月 18 日在京举行……

据悉，此会上北京市供销合作总社将……同时，<u>北京供销大数据集团</u>

的发展策略……

（京津冀 西南地区大数据新能源示范工作会启动在即，光明网，2015年12月10日）

查看全篇内容可知，"北京市供销合作总社"在上下文中出现8次，"北京供销大数据集团"出现3次，语篇中各小句的衔接主要是通过词汇衔接实现的，主要报道北京市供销合作社在西南地区大数据新能源示范工作会上的相关举措。

（44）新华网北京10月1日电（记者李延霞、苏雪燕）记者日前从银监会获悉……共有11家中资银行在"一带一路"沿线23个国家设立了55家一级分支机构……

银监会……五大行是中资银行"走出去"的主力军，……从地域分布看，中资银行……

（中资银行在"一带一路"沿线设立了55家一级分支机构，天山网，2015年10月1日）

该报道是关于中资银行在"一带一路"相关国家的业务开展情况的介绍，全篇并没有出现指示代词，语篇的衔接主要是通过词汇的复现实现的，尤其是原词复现，如"银监会""中资银行"等，尤其是"中资银行"共出现了3次，这与经济新闻的专业性、客观性密不可分。

（45）此外，李达·内柏斯对阿尔及利亚的投资环境进行了推介并向中国投资者发出了诚挚的邀请。据他介绍，作为非洲最大的国家，阿尔及利亚……阿尔及利亚是……"阿尔及利亚政府正在……"李达·内柏斯表示，除此之外，阿尔及利亚政府也……阿尔及利亚本国市场……这也使得世界各国和各国公司对阿尔及利亚产生了极大的兴趣。阿尔及利亚是……

（"一带一路"将促进沿线国家经济增长，新华网，2015年7月1日）

此篇报道说明了"一带一路"倡议对沿线国家的经济增长起到了重要的推动作用，以阿尔及利亚为例进行报道，"阿尔及利亚"在不长的语篇中共出现8次，很明显可以看出名词短语的复现是"一带一路"经济新闻篇章衔接的重要手段。

"一带一路"经济新闻语篇在衔接方面明显体现为词语的复现，尤其是名词短语复现。这主要与新闻的性质类别有关，经济新闻在新闻准确度上要求更高，同时还会凸显经济新闻的专业性。

2. 时间词语

在新闻报道中，时间词语为新闻事件的发生发展提供了一个线索，它串联起了整个新闻语篇，是新闻语篇重要的衔接方式。时间词语既包括精确的时间，如某日某时某分，也包括概括性的时间词语，如几天前，这些时间词语是衔接整个语篇地关键点。时间词语所表示的时间跨度有大小之分，这是针对时间词语所管界的范围而言的。通常来说，出现在导语中的时间词语是服务于整个新闻语篇的，它的管界范围包含后面跨度较小的时间词语的管界范围。相对于出现在导语中的时间词语，后面出现的跨度较小的时间词语通常是用来补充细节报道或者背景报道。下面是天山网的一篇报道：

（46）<u>7 月 11 日</u>，华西能源公司……

<u>去年底</u>，泰国……

<u>今年 3 月</u>，该公司……

（川企抢"一带一路"机遇 将在泰国建 5 个垃圾发电厂，天山网，2015年 7 月 11 日）

"7 月 11 日"出现在篇首，是本语篇中时间跨度最大的词语，它交代了华西能源公司与泰国公司签约的概括时间，管界整个语篇。后面的时间跨度较小的词语，"去年底""今年 3 月"分别引领一个话题，管界一段，这些时间跨度较小的词语清晰地介绍了签约仪式的背景及内容，是对该新闻时间的细节性补充报道。通过时间词语的联系，整个语篇实现了很好的衔接。

（47）2013 年 9 月 7 日，……

同年 10 月 3 日，……

2013 年 11 月，……

2014 年 5 月，……

同年 7 月，……

2014 年 12 月，……

2015 年 3 月，……

（"一带一路"的经济地理革命与共赢主义时代，新华网，2015 年 7 月

2 日）

该语篇中每段段首均以时间词语开头，主要报道了"一带一路"的决策过程、决策结果及影响，从 2013 年 9 月到 2015 年 3 月，从不同时间讲述，清晰明了地报道了"一带一路"倡议的历程。

（48）2013 年 12 月 18 日，北京、宁夏两省区签署了……

　　　2014 年 3 月 27 日，中国……

　　　2014 年 4 月 2 日，赛伯乐投资集团……

　　　2014 年 4 月 28 日，美国亚马逊 AWS 投资……

　　　2015 年 7 月，宁夏大学……

（西部云基地："三步走"打造网上丝绸之路，天山网，2015 年 7 月 10 日）

该语篇报道的是我国西部地区打造"网上丝绸之路"，从北京、宁夏签署协议到投资集团进行投资再到宁夏大学给予技术支撑，从 2013 年 12 月 18 日开始到 2015 年 7 月线性报道了西部云基地的打造过程。

综上，"一带一路"经济新闻语篇常常通过时间词语衔接。这些时间词语多出现在句首，表达的时间通常精确到具体的日期，这在很大程度上是由相关经济新闻报道的准确性所决定的。

（二）连接词

新闻报道由于其语体的特殊性，实现语篇的衔接除了通过名词短语，即名词短语复现和时间词语实现衔接外，还借助了连接词和管界动词。这一部分主要分析"一带一路"经济新闻中连接词的使用情况，报道如下：

（49）据了解，网贸会波兰馆……这<u>一方面</u>意味着，……<u>另一方面</u>，中国城市……<u>此外</u>，……

　　<u>也就是说</u>，……

　　<u>而</u>波兰馆……<u>同时</u>，……

（网贸会波兰馆将于明年初开馆　助"中国制造"挺进欧洲，新华网，2015 年 12 月 8 日）

该篇报道中，有表示并列关系的"一方面""另一方面""也就是说""此外""同时"，也有表示转折关系的"而"，通过这些逻辑联系词语将整个语篇很好地衔接起来，围绕"网贸会波兰馆"进行细致的报道。

（50）<u>首先</u>，区位"先天"优势……

　　　　　其次，产业"升级"优势……

　　　　　再者，开放"后发"优势……

（"一带一路"节点城市成都的战略自信，光明网，2015 年 10 月 3 日）

　　本篇主要报道成都作为"一带一路"节点城市的优势，从"区位'先天'优势""产业'升级'优势"和"开放'后发'优势"三个方面进行分析，运用"首先""其次"和"再者"三个并列连接词将报道进行了衔接。

（51）目前，已经有中行……

　　　　　其次，"一带一路"建设……

　　　　　此外，支持"一带一路"……

（"一带一路"为银行转型提供新机遇，天山网，2015 年 8 月 10 日）

　　本篇报道从"一带一路"倡议对银行转型的机遇角度进行分析，报道了"一带一路"通过开放型经济建设带来的巨大市场机遇，运用"目前""其次""此外"等连接词语，介绍了"一带一路"建设对于银行业务的开展、海外布局的提速和多种业务的拓展的巨大机遇。

　　在语篇衔接的方式上，连接词是非常重要的衔接手段，尤其突出体现在"一带一路"网络经济新闻上。由于"一带一路"网络经济新闻具有一定的专业性，对语篇接收者理解信息造成一定难度，而连接词则能够很好地将整个语篇衔接起来，使语篇各部分的关系外显，便于语篇信息的理解。当然，语篇中也存在单纯靠语义关系衔接而构成的语篇，但这种情况少之又少，在"一带一路"网络经济新闻中没有发现，所以相对而言，连接词在语篇衔接上的作用不可小觑。下面是三大网站语料中常出现的连接词及出现次数统计。如表 6-3 所示。

表 6-3　三大网站"一带一路"经济新闻报道语篇连接词统计

关系	连接词	词频	合计
并列	首先	13	126
	其次	8	
	再者	2	
	下一步	7	
	（与此）同时	96	

续表

关系	连接词	词频	合计
补充说明	除了	16	48
	此外	26	
	不仅如此	4	
	除此之外	2	
因果	因此	13	16
	从而	3	
转折	不过	4	174
	（然）而	122	
	但	48	

根据表 6-3 可知，三大网站"一带一路"经济新闻报道语篇的连接词主要表示并列、补充说明、因果、转折四种关系，并且不同连接词的使用频率相差较大。总体来看，表示并列关系和转折关系的连接词在经济报道语篇中出现频次较高。

（三）管界动词

廖秋忠（1987）讨论了"管界"这种篇章现象。简单来说，管界就是某个"管领词"所控制的范围，例如上文提到的时间词语。廖秋忠（1987）按照篇章管界中管领词的语法性质将管领词分为谓语动词、状语、连接成分和类话题短语四类。接着，文章又将带有篇章管界性质的谓语动词分为以下六类：表述动词、感知动词、行动动词、等同动词、包含动词和存在动词。文章对各种动词进行了明确的界定。由于"一带一路"经济新闻报道中使用表述动词较多，所以我们主要关注表述动词。表述动词是指与说、写有关的或者表达心智活动的动词，例如，"说""表示""认为""希望"等。

（52）国侨办副主任何亚非致辞时**表示**，……何亚非**介绍**，……

何亚非**说**，

……王英彩**说**，

……他**说**，……

（"一带一路"侨商项目对接会兰州举行，天山网， 2015 年 7 月 6 日）

上面这篇报道主要介绍的是在"一带一路"倡议下在兰州举行的侨商对接项目，通过不同人的观点表述了该项目的巨大市场潜力，其中"表示"

"介绍""说"都是表述动词。全篇都是由这样的表述动词及其管界内容组成的。列举如下：

① 国侨办副主任何亚非致辞时表示，［管界内容］

② ［管界内容］何亚非介绍，［管界内容］

③ 何亚非说，［管界内容］

④ ［管界内容］……王英彩说，［管界内容］

⑤ ……他说，［管界内容］

（53）国家海洋局副局长张宏声对此<u>表示</u>，……

　　　　中国科学院院士、海洋国家实验室主任吴立新<u>透露</u>，……

　　　　在沈体雁<u>看来</u>，……

　　　　张灏还<u>表示</u>，……

　　　　张宏声<u>表示</u>，……

（中国政企双管齐下助科技引领海上丝绸之路，新华网，2015 年 10 月31 日）

上面这篇报道的是以"科技引领海上丝绸之路"为主题的 2015 年青岛海洋国际高峰论坛，其中中国政企领导纷纷表态，表示需要通过科技来应对"海上丝绸之路"的转型期。报道中，"表示""透露""看来"都是表述动词，其中"表示"出现了 3 次。由这样的表述动词及其管界内容组成了全篇报道。列举如下：

①国家海洋局副局长张宏声对此表示，［管界内容］

②中国科学院院士、海洋国家实验室主任吴立新透露，［管界内容］

③在沈体雁看来，［管界内容］

④张灏还表示，［管界内容］

⑤张宏声表示［管界内容］

（54）梁振英在致辞时<u>说</u>，……

　　　　梁振英<u>说</u>，……

　　　　一同出席的其他嘉宾也各抒己见，一致<u>认为</u>……

　　　　冯氏集团主席冯国经<u>表示</u>，……

　　　　香港贸易发展局主席罗康瑞<u>说</u>，……他还<u>表示</u>，……

　　　　香港总商会主席彭耀佳<u>表示</u>，……

（"一带一路"倡议为香港提供黄金发展机遇，光明网，2015 年 10 月 29 日）[①]

上面主要报道的是通过时任香港特别行政区长官梁振英等人出席一个"一带一路"论坛时的讲话并说明"一带一路"倡议为香港提供的黄金发展机遇。其中表述动词分别为"说""认为"和"表示"。列举如下：

①梁振英在致辞时说，［管界内容］

②梁振英说［管界内容］

③一同出席的其他嘉宾也各抒己见，一致认为［管界内容］

④冯氏集团主席冯国经表示［管界内容］

⑤香港贸易发展局主席罗康瑞说，［管界内容］……他还表示，［管界内容］

⑥香港总商会主席彭耀佳表示，［管界内容］

以上显示，"表示""介绍"和"说"这些表述动词和它们的管界内容组成了整个语篇的全部内容。由于"一带一路"经济新闻报道的客观性、专业性，所以类似以上的表述动词可以让语篇接收者清楚地知道信息的来源和背景，增强了其可信度和真实性。

通过对所整理的语料进行分析发现，在"一带一路"经济新闻中，管界动词在语篇衔接上起着重要作用，特别是表述动词出现次数较为频繁。研究共抽取三大网站 100 篇语料进行统计，发现"一带一路"经济新闻表述动词主要为"说""表示""认为"等，其中"说""表示""认为"出现次数较为频繁。如图 6-1 所示。

通过图 6-1 可以看出，三大网站"一带一路"经济新闻中表述类动词"说"出现次数最多，达到 128 次，其次是"认为"超过 50 次，而"介绍""表示""希望"出现的次数大致相当。

这一部分主要从篇章词汇衔接的角度对所收集的"一带一路"经济新闻语料进行了研究，分析了其在词汇衔接方面的特点。这类报道主要是通过名词短语复现，使用时间词语、连接词和管界动词来实现语篇的衔接，很好地体现了"一带一路"经济新闻报道语篇的特点。

---

① 鉴于国家媒体报道中统一用"'一带一路'倡议"的说法，现将早期报道中的部分说法改为"'一带一路'倡议"。

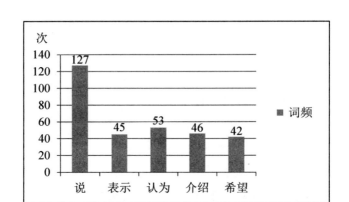

图 6-1　三大网站"一带一路"经济新闻报道语篇表述动词统计

第三节　"一带一路"文化交流新闻报道语篇结构分析

本节以相关的报道语篇为研究对象，从报道中出现的关键词、反映的报道领域事件以及所使用的引语等三个方面分析"一带一路"文化交流新闻报道语篇的特点。

一、文化交流新闻报道关键词统计

我们首先对 2015 年 1 月 1 日至 2016 年 1 月 1 日在人民网"一带一路"文化交流新闻报道文本（156348 字）中出现的关键词词频进行了统计，具体统计结果如表 6-4 所示。

表 6-4　文化交流新闻报道关键词词频（由高到低）

文化	合作	一带一路	艺术	交流	青岛	丝路	陕西	民族	×博会
1137	653	454	446	334	190	182	150	143	137
新疆	北京	论坛	中华	云南	丝绸之路经济带	南亚	海上丝绸之路	上海	沟通
137	96	96	89	81	70	62	61	53	47
中亚	西亚	甘肃	南亚	欧洲	福建	非遗	核心区		
39	36	36	34	31	30	27	9		

由表 6-4 可知，在"一带一路"文化交流新闻报道中，出现频率最高的三个关键词为"文化""合作""一带一路"。进一步观察发现，除了"一带一路"主题下的词语，如"一带一路""丝绸之路经济带""海上丝绸之路""丝路"等出现频率较高外，文化类相关词语如"文化""合作""艺术""交流""民族""沟通""×博会""论坛""非遗"等的使用频率也较高。另外，由于文化交流活动连接国内外，所以在统计关键词词频时，也将表示地名的专有名词纳入考察范围。据统计，"青岛""陕西""新疆"占据了报道的前三位，同时，"北京""云南""上海"在报道中被提及的也相对较多。在国际报道方面，报道中出现专有名词"南亚""中亚""西亚"和"欧洲"的频率都较高。

二、文化交流新闻报道领域事件统计

表 6-5 是对人民网 2014 年 1 月 1 日至 2016 年 3 月 10 日"一带一路"文化交流新闻报道不同领域中专有词语的分析，对两年来"一带一路"文化交流事件所做的总体概述。

表 6-5 "一带一路"文化交流各领域事件统计

	1. "海丝"国际艺术节（泉州）
	2. 第十四届亚洲艺术节暨第二届海上丝绸之路国际艺术节
	3. 第三届阿拉伯艺术节
	4. 中国西部冰雪旅游节
	5. 第十四届亚洲艺术节
艺术节	6. 第二届海上丝绸之路国际艺术节
	7. 首届哈尔滨中俄文化艺术交流周
	8. 首届"东方·西方+"年度丝绸之路艺术节
	9. 第二届丝绸之路国际艺术节（西安）
	10. 第十五届"相约北京"艺术节
	11. 第十一届中国艺术节
	12. 第十七届中国上海国际艺术节
	13. "西出楼兰"丝路文化艺术节

续表

博览会	1. 首届丝绸之路（敦煌）国际文化博览会
	2. 第十一届中国（深圳）国际文化产业博览交易会
	3. 2014 青岛世界园艺博览会
	4. 首届中蒙博览会
	5. 第二十二届北京国际图书博览会
	6. 第四届中国国际茶业及茶艺博览会
	7. 2015 中阿博览会
	8. 第十届中国新疆冬季旅游产业交易博览会
	9. 2015 世界合唱博览会
	10. 2015 第十届北京文博会
	11. 第十二届中国—东盟博览会
	12. 2015 年意大利米兰世博会
	13. 第十一届中国（深圳）国际文化产业博览交易会
	14. 第二届中国—南亚博览会
	15. 第三届中国—南亚博览会
	16. 第四届中国—南亚博览会
论坛	1. 第五届中国文化国际传播研究院年会
	2. 海洋战略论坛
	3. 中国-马耳他文化传媒论坛
	4. 2015 "一带一路" 倡议①与陕西发展论坛
	5. 第三届亚洲文化论坛
	6. 第二届丝绸之路国际文化论坛
	7. 首届 "一带一路" 文化融合论坛
	8. 中国—阿拉伯国家广播电视合作论坛
音乐歌舞	1. 原创大型回族舞剧《月上贺兰》
	2. 歌曲《"一带一路"之歌》
	3. 民族歌舞秀《千回西域》
	4. 舞剧《戈壁青春》
	5. 大型舞剧《丝海梦寻》
	6. 原创舞剧《马可·波罗》
	7. 舞剧《碧海丝路》

---

① 鉴于国家媒体报道中统一用"'一带一路'倡议"的说法，现将早期报道中的部分说法改为"'一带一路'倡议"。

续表

音乐歌舞	8. 歌舞剧《麦西热甫到我家》
	9. 舞剧《丝路霓裳》
	10. 舞蹈《丝海梦寻》
	11. 丝绸之路国际现当代舞艺术周
	12. 中非合璧的交响音乐会
	13. "亲情中华"慰侨演出
	14. 江阴市天华艺术学校民族乐团出访意瑞
书籍·绘画·摄影等成果展	1. "铭记历史珍爱和平"美术作品展
	2. 中国书画家范曾个人画展"文明对话"
	3. "一带一路"健康投资与丝路书画展
	4. 水墨漫画公益展
	5. 闽疆情丝——林峰中国水墨人物画展
	6. 培智油画《来自高原的祈福——"519"国家记忆》
	7. 画作《风雨鸡鸣》
	8. "魅力上海"艺术图片展
	9. 新书发布会《神奇的中国》
	10. 2015 上海书展
	11. 2015 美国书展
	12. "甘肃远古彩陶"展览
	13. 艺术丝绸之旅世界巡回展
	14. 雕塑《丝路金桥》
其他	1. "一带一路"侨商项目对接会
	2. 中美旗袍才艺大赛
	3. 茶马古道——八省区文物特展
	4. 中国非物质文化遗产生产性保护成果大展
	5. 电视剧《沧海丝路》
	6. 原创木偶剧《飞吧！丹顶鹤—丹顶鹤的故事》
	7. 杂技剧《在那遥远的地方》
	8. 电视节目《唐诗风云会》
	9. 第二届丝绸之路国际电影节（福州）
	10. 央视羊年春晚

　　由表 6-5 文化交流各领域事件统计可知，"一带一路"文化交流新闻报道反映的文化交流活动大致可以分为艺术节、博览会、论坛、音乐歌舞、

书籍·绘画·摄影等成果展及其他活动如茶艺、旗袍等。由表 6-5 可以看出，近两年来，"一带一路"在文化交流方面做出了很大的努力，有飞跃性的发展。"一带一路"文化交流新闻报道不再囿于一时一地，而是涉及文化交流的方方面面，形式多样，并且有所侧重。根据分析，目前"一带一路"文化交流的主要领域为"博览会""艺术节""书·画·摄影等成果展""歌舞"等。随着"一带一路"文化交流的发展，相信在交流不断深入的未来，报道领域会进一步扩大，出现更多如饮食文化交流、服饰文化交流、非物质文化交流等方面的报道。

三、文化交流新闻报道引语特点

引语是新闻中的一种叙述现象，是引用者对被引用者在过去的某一语境下，根据当时交际意图所述内容的转述。引用者在转述过程中，根据自己的主观认识、交际意图等，选择不同转述方式，这一过程是引用的过程。因此引用不是对别人话语的简单重复，而是建构话语。

按照引用方式，引语可以分为直接引语和间接引语（含自由间接引语）。（徐赳赳，2010）[205] 直接引语有引号作为标记，在内容和语言形式上都很容易区分出来。根据对语篇引语的观察发现，间接引语（含自由间接引语）没有引号，是对他人话语内容进行转述。不论是哪种类型的引语，都包括引导句和引用句，并且在引导句中还会出现引语标记来连接这两个部分。

在新闻中使用引语，可以显示新闻报道的客观性、真实性。杨保军（2005）在论述新闻报道真实性时提到，一旦新闻源主体有勇气且愿意向社会公开身份，他所说的话语的真实性基本上就是可信的。

（一）文化交流新闻报道引语的类型

根据对 2015 年人民网"一带一路"文化交流新闻报道的统计，我们发现，在"一带一路"文化交流新闻报道中，引语出现频率较其他领域报道高。具体统计结果如表 6-6 所示。

表 6-6　文化交流新闻报道引语出现频率统计

语料总字数	语料总篇数	引语	
		直接引语	间接引语（含自由间接引语）
156348	138	118	143

根据表6-6的统计，在"一带一路"文化交流新闻报道中，为了保障新闻的真实性和可信度，出现引语的情况较多，并且在报道中，虽然间接引语较直接引语略多一些，但二者在出现频次上差别不大。例子如下：

（55）马明强大使带着深厚感情与真情，三次说到特别感谢云南，他说："说到重新认识孟加拉，一要感谢云南为中国与孟加拉友好外交关系提供机遇；二要感谢云南在孟加拉举办云南艺术节，吸引观众5万人，在凌晨一点至两点半引起轰动；三要感谢云南在'和谐使馆'建设中发挥着重要作用。"（"一带一路"生发一路向南新思路，人民网，2015年12月8日）

（56）上海电影译制厂老艺术家乔榛说，在过去几十年里，中国人以开放胸怀翻译了大量海外影视剧，包括《叶塞尼娅》等上一代观众耳熟能详的作品，当代美国大片更是同步翻译上映。而通过中国当代作品翻译工程，中国优秀的影视作品也终于通过高水平的对外译制实现海外"起航"，这让他倍感欣慰。（"中国故事"走出国门　影视佳作海外热播——中国当代作品翻译工程成效显著，人民网，2015年12月29日）

（57）他说，作为一个商会负责人，我感觉中印之间必须相互合作，它们是天然的合作伙伴，尤其我们还是邻国。印度商会在与周边国家经贸往来领域发挥着重要作用，在加强两国两地交流方面起到非常好的促进作用。（"一带一路"生发一路向南新思路，人民网，2015年12月8日）

例（55）为直接引语，例（56）为间接引语，例（57）为间接引语。报道中的直接引语，通常有引号作为标记，且引用语中的人称代词与信息源相同；间接引语通常不出现标记，且引用语中人称代词随着转述语境的变化而改变；自由间接引语中，引导语的人称发生转化，而引用语中的人称不变。

（二）文化交流新闻报道中的引语标记

不管是直接引语还是间接引语，引语都包括引导句和引用句两部分，并且都包括引语标记词。引语标记并不单单是言说动词"说"，还包括其他言说动词，并且不同引语标记在位置、强制性、功能等方面都有所不同。

通过对"一带一路"文化交流新闻报道的分析，我们发现这类报道中出现的言说动词主要有4个，分别是"说""表示""称"以及"谈道"。具体统计如表6-7所示。

表 6-7　引语言说动词词频统计

引语标记	说	表示	称	谈道
数量	176	57	20	8

根据表 6-7，在"一带一路"文化交流新闻报道中，言说动词"说"作为引语标记词出现量远大于其他言说动词，共有 176 次，占总量的 67.4％。其他出现的言说动词还有"表示""称""谈道"，言说动词出现频率为（由高及低）：说＞表示＞称＞谈论。

1. "说"类引语标记

据统计，在以"说"为引语标记的报道文本中，有 80 例属于间接引语，有 96 例属于直接引语。另外，"说"在引语中出现的位置也不完全一致。在间接引语中，"说"出现在引语之前；在直接引语中，"说"出现在引语之前的有 56 例，出现在引语后的有 35 例，另外还有 5 例出现在引语中间。具体统计如表 6-8 所示。

表 6-8　"说"类引语标记出现情况统计

引语标记"说"	间接引语前	直接引语前	直接引语后	直接引语中
数量	80	56	35	5

根据表 6-8，在"一带一路"文化交流新闻报道中"说"类引导句位置分布呈现以下几个特点：首先，直接引语多于间接引语；其次，在直接引语中，"说"出现在直接引语之前的情况最多，出现在直接引语后的情况次之，而出现在直接引语中间的情况是最少的。并且，"说"出现在引用语之后或中间的情况只能出现在直接引语句里。例子如下：

（58）印中合作促进中心主席萨哈里亚说："印度生产甘蔗，甘蔗进入中国后，中国人进行进一步加工，开始生产糖，就是现在的糖，在印度我们管它叫'chini'，意思就是来自中国。"（"一带一路"生发一路向南新思路，人民网，2015 年 12 月 8 日）

（59）"艺术是人类共同的喜好，是人与人之间、民族与民族之间、国家与国家之间最好最有效的润滑剂、催化剂、黏合剂……云南艺术要主动服务和融入国家'一带一路'倡议^①，在把云南建成'面向南亚东南亚辐射中心'的过程中，起到独特的无法替代的作用，产生润物细无声、潜移默化的积极影响。"云南省文联副主席黄映玲<u>说</u>。（南博会：云南文艺闪耀光芒，人民网，2014年6月8日）

（60）"注入创意，古老的东西才有再次焕发生命力的可能，活字才真正成为'活'字，而不是冰冷僵硬地躺在博物馆的物证。""字在"创始人刘美松<u>说</u>，传统手艺活下来最终要靠创意驱动、商业引导。（"文化＋"吸睛深圳文博会，人民网，2015年5月20日）

（61）他<u>说</u>，自己在学术和艺术上行中道，性格上却有狂狷的一面。（范增："文明对话"是呼应而非趋近，人民网，2015年10月24日）

以上例子中，引语标记"说"可以出现在引用句的前、中、后各个位置。例（58）至例（60）为"说"类直接引语，例（61）为"说"类间接引语。可以看出，在直接引语中，引语标记"说"可以出现在引用语之前、之后和中间，不影响句子表达。间接引语中，说一般出现在引用语前面。

2."表示"类引语标记

除了引语标记"说"以外，在"一带一路"文化交流新闻报道中，"表示"类引语标记相对其他引用标记来说，出现频率也较高。而"表示"类引语标记与"说"类引语标记出现情况又有所不同。在直接引语句中，引语标记"表示"出现的位置在直接引语之前或中间，没有出现在直接引语后边的情况。具体分析如表6-9所示。

表6-9 "表示"类引语标记分布统计表

引语标记"表示"	间接引语前	直接引语前	直接引语中
数量	32	21	4

根据表6-9可知，"表示"类引语句中，间接引语句出现情况比直接引语句多。在间接引语中，"表示"类引语标记的位置比较固定，主要出现在间接引语之前；在直接引语中，这类标记也主要出现在引语之前，但是也有少数情况，可以出现在直接引语中间。例子如下：

---

① 鉴于国家媒体报道中统一用"'一带一路'倡议"的说法，现将早期报道中的部分说法改为"'一带一路'倡议"。

（62）中国电影家协会副主席奚美娟表示，这是中国文化艺术走向世界的标志。（"中国故事"走出国门 影视佳作海外热播——中国当代作品翻译工程成效显著，人民网，2015 年 12 月 29 日）

（63）"如今我们再谈'一带一路'，不是简单地复制过去，而是在新的文明周期开始的时候，与各国人民共同开启新的文明之窗。"上海交大文化部两岸文化研究基地教授胡慧林表示，艺术节和文化论坛的交流平台，是传统的继承和展示，也是新时期人们的交流舞台。（第三届亚洲文化论坛泉州举行 建设共生共荣亚洲文化生态，人民网，2015 年 11 月 13 日）

引语标记"表示"在例（62）中引导的是间接引语，出现在引语之前；在例（63）中既引导直接引语，又引导间接引语，处在直接引语之后及间接引语之前的位置，起着起承转合的作用。

3. 其他引语标记分析

在"一带一路"文化交流新闻报道中，"称""谈道"等引语标记出现频率相对较低。例子如下：

（64）当地舆论称，"一带一路"为白俄罗斯打开机会之窗。（"一带一路"与世界共享发展机遇，人民网，2015 年 9 月 21 日）

（65）正如日本茶道里千家第十五代家元千玄室大宗匠在论坛中谈道："茶文化的渊源在中国，我们家近 500 年的茶道根基也在中国，这就是为什么我们要不断地到中国来，了解茶文化的根源。"（第三届亚洲文化论坛泉州举行 建设共生共荣亚洲文化生态，人民网，2015 年 11 月 13 日）

通过对"一带一路"文化交流新闻报道中出现的"称""谈道"类引用句的查找发现，"称"作为引语标记的引语句，一般为间接引语句，而"谈道"作为引语标记的引语句，一般为直接引语句，如例（64）和例（65）引语标记"称"与"谈道"一般只出现在引用内容的前面。

由以上对引语标记的分析可知，在"说"类引语句中，引语标记"说"可以分别出现在直接引语句与间接引语句中，并且在直接引语句中出现的位置相对自由，可以出现在引用句之前、中间、之后的各个位置上，其出现位置频率由高及低依次为：前＜后＜中。

在"表示"类引语句中，引语标记"表示"可以引出直接引语与间接引语，出现位置没有"说"自由，在直接引语句中，"表示"不出现在引语句的后面。

在"称"类引语句中，引语标记"称"一般引出间接引语句，出现在引语句的前面。

在"谈道"类引语句中，引语标记"谈道"一般引出直接引语句，出现在引语句的前面。

从引语标记可知，在间接引语句中，引语标记总是出现在引语句的前面。

（三）文化交流新闻报道引语的信息源

新闻本源，指的是新闻内容的基本来源，即新闻是从哪里来的，人们传播和接受的新闻与信息产自哪里，来自何方。新闻的本源是事实，新闻是对事实的报道。事实是第一性的，新闻是第二性的。（杨保军，2005）引语信息源出现在引语的引导句中，就汉语新闻报道来看，引导句是主要交际点，它承载着信息的来源，如引用的话语是谁说的，是由什么机构发布的。这些信息源直接体现了新闻报道的真实性和权威性。为了显示权威性，新闻报道会详细交代信息的来源，但也有一些报道由于主观原因，而省略了信息源。

我们将报道信息源按照明确度，大致分为高、中、低三类。

1. 明确度高的信息源

明确度高的信息源，指的是做了具体介绍的信息源，多为人名、机构名称，有一些报道还介绍了背景、时间、地点等相关信息。例子如下：

（66）影片导演及编剧法国人菲利普·弥勒说，看过这部影片的国外观众，会了解和观察到中国人的生活方式，对中国社会产生更加深刻的理解。（"中国故事"走出国门 影视佳作海外热播——中国当代作品翻译工程成效显著，人民网，2015 年 12 月 29 日）

（67）曾引进《媳妇的美好时代》的坦桑尼亚国家电视台台长姆沙纳说，中国影视作品已经成为越来越多非洲人民更加全面认识中国社会、中国家庭和普通中国人，进而理解和支持中国的窗口，成为传播当代中国价值观的"荧屏里的大使"。（"中国故事"走出国门 影视佳作海外热播——中国当代作品翻译工程成效显著，人民网，2015 年 12 月 29 日）

（68）中国海外交流协会副会长何亚非 1 日在吉隆坡表示，马来西亚是东盟地区具有重要影响力的国家，发展水平较高，同时也是海上丝绸之路建设的重要沿线国家，希望马来西亚广大华侨华人抓住契机，积极参与"一带一路"建设与区域经济合作，共谋发展，为推动中马政治、经济、文化等领域的友好合作做出新贡献。（海内外侨讯，人民网，2015 年 12 月 4 日）

例（66）除引入人名"菲利普·弥勒"外，还介绍了其身份为影片导演及编剧，为了衬托所介绍的内容，即国外观众的感受，还加上了其国籍。例（67）介绍了人名"姆沙纳"，介绍了其身份为坦桑尼亚国家电视台台长，并且还介绍了其他情况，例如曾引进《媳妇的美好时代》，为其后的间接引语内容"中国影视作品已经成为越来越多非洲人民更加全面认识中国社会、中国家庭和普通中国人，进而理解和支持中国的窗口"做铺垫。例（68）介绍了人名"何亚非"，指出其身份为中国海外交流协会副会长，此外还提供了引语出现的时间为 2015 年 12 月 1 日与地点吉隆坡，增加了报道的真实度与权威性。

综上可知，信息源明确度高的报道，通常都是尽量详尽地介绍引语信息源，增加引语的可信度和权威性，能为文化交流新闻报道更好地服务。

2. 明确度中等的信息源

明确度中等的信息源，是指做了相对概括介绍的信息源，一般用不定指的形式。例子如下：

（69）"以前听说过，这种葫芦形状的工艺品好像是把预先制好的模具套在幼小的葫芦上，让葫芦按照模具的形状生长成型的，但是还真没见过它成长的过程。"正在一旁观看的刘女士和朋友小声议论着。（"文化+"惊艳北京文博会，人民网，2015 年 11 月 3 日）

（70）"为了凸显区域文化协同发展新格局，'一带一路'建设也是本次展会的亮点。"文博会组织人员说。（"文化+"惊艳北京文博会，人民网，2015 年 11 月 3 日）

例（69）中的信息源为"正在一旁观看的刘女士和朋友"，例（70）的信息源为"文博会组织人员"。信息源的身份不是为了凸显信息的权威性，而是为了介绍某一实例，或为了突出引用句内容，对信息源做了淡化处理。来源的身份、地位、姓名等信息在这些报道中并不重要，所以为了保障新闻简洁性，对于这类引语的信息源一般并不做详细处理。

3. 明确度低的信息源

明确度低的信息源，主要指运用"有人""有消息"等模糊的、泛指的语言形式，指代不明确的信息源。例子如下：

（71）有当地观众在网上留言，说这部中国电视剧非常好看，让自己感同身受。（"中国故事"走出国门 影视佳作海外热播——中国当代作品翻译工程成效显著，人民网，2015年12月29日）

例（71）中，"有当地观众"并没交代具体是谁，作者可能也不清楚是谁，但是这个信息源的详细信息并不重要，甚至模糊处理可以显示其普遍性。这里报道的关键在于引语的发出者说了什么。

依据不同的交际意图，报道写作者通常采用不同的信息源处理方式。对于明确度高的信息源，尽可能交代其姓名、身份、背景，有时还加上时间、地点等信息，凸显出引语的真实度与权威性。对于明确度居中和较低的信息源，作者用模糊处理的方式。信息源的明确度，要依照报道交际的意图与策略来制定。有时为了凸显引语内容，有时为了使其代表群众而不是个体，有时作者认为信息源的身份不重要，不需要交代清楚，这些情况都可能导致信息源被淡化，以此来突出表达的内容。

最后，从报道出现的关键词、反映的领域事件以及运用的引语等三个方面对"一带一路"文化交流新闻报道进行分析。在报道字数总量为156348字的报道内，出现频率最高的关键词为"文化""合作""一带一路""艺术""交流"。我们将所报道的领域事件按主题分为六大类，包括艺术节、博览会、论坛、音乐歌舞、书·画·摄影等成果展以及其他。在各类文化交流新闻报道中，引语出现频率很高，在2015年全年的138篇文化交流新闻报道中，引语出现了261次，平均每篇报道出现近两次引语，但也有通篇报道不出现引语的情况。

第四节 "一带一路"旅游新闻报道语篇结构分析

语篇结构的连贯不仅关涉词汇的衔接，还有句子结构以及文章布局，它们在文章的连贯中都发挥着重要的作用。在"一带一路"旅游新闻报道语篇中，词语的衔接、句子的结构、语篇的布局都表现出了自己的特点。下面我们将从"一带一路"旅游新闻报道语篇中找出词汇衔接、句子结构、语篇布局等方面的特点。

一、词汇衔接分析

指示语衔接、消息来源语衔接是"一带一路"旅游新闻报道语篇衔接的重要方式。

1. 指示语

1.1 人称指示语

人称指示语表示用人称代词来指称人或事物的情况，可分为第一人称、第二人称和第三人称。在语篇的指称中不同的人称代词具有不同的作用，能够传递不同的信息。例子如下：

（72）当在许多标志性路线选择中眼花缭乱时，如太平洋海岸公路和第 66 号公路，我们更应该考虑考虑那些不太为人注意的路线。那么，请准备好自驾清单，让我们一起来探寻这些如秘密宝石般珍贵的自驾旅行路线吧！（盘点：美国七大奇妙绝伦的公路旅行，光明网，2015 年 6 月 30 日）

例（72）中第一人称"我们"在该语篇中泛指作者和读者在内的群体，以此强调文中有一些不为人注意的路线等着"我们"，这个"我们"不仅指文中的角色，也包括作者在内的广大游客朋友们。作者将自己与读者放在同一个群体里，宣传该景点的同时，也拉近了与读者的心理距离。

（73）法国小镇夏蒙尼有两个著名景点：一是梅尔德格拉斯冰川，另一个就是欧洲的最高峰勃朗峰。小镇中有缆车可以带你到南针峰的山顶，如果你不敢走进悬浮在峡谷上的玻璃观光厅，你仍可以在缆车中欣赏到勃朗峰，以及部分的阿尔卑斯山脉的壮美景致。（灵动法国 能拍出大片的十处最美景致，光明网，2015 年 8 月 13 日）

例（73）中第二人称"你"在该语篇中是指广大读者及去法国小镇游览的游客，作者通过使用第二人称，很好地体现了与游客之间的互动交流，宣传旅游景点的同时，也突出了对游客的重视。

（74）在捕食者的队伍中，海豚是最聪明的骑士。它们平日三五成群，游弋在轮船周围，矫健敏捷。当它们感觉到暖流的时候，就知道沙丁鱼会送上门来，这个时候，各地的海豚们都汇集到悬崖瀑布这个海湾来，多达数千条。海豚们士气高昂，不时跃出海面奔赴战场。海角是伏击鱼群的最佳地点，因为它们可以很容易地完成分割包围，并利用海水较浅的有利环境，把鱼群驱赶到接近海面，压缩它们的空间，便于捕猎。（一场海底下最壮丽的战争，光明网，2015 年 6 月 29）

例（74）中第三人称"它们"在该语篇中出现了 4 次，前 3 次指"海豚"，第四次指"沙丁鱼"。在这篇报道中，出现了 2 个涉及的对象一是"海豚"，二是"沙丁鱼"，前 3 个第三人称复数"它们"出现在几个分句主语位置上，指代第一分句中出现的主语"海豚"，第四个"它们"出现在修饰定语位置上，指代上一句。"把鱼群……"中的鱼群，不指句子的省略主语"海豚"，而"鱼群"做了"把"字的有定宾语，指代前面出现过的"沙丁鱼"。由此，完成了指称的交替。

在旅游语篇的报道中，第三人称的使用是很频繁的。在一个景点或事物现象的介绍中，为避免重复，会使用第三人称，以符合经济有效的原则。

1.2 指示指示语

指示指示语是用指示代词或相应的限定词来所表示指称上的照应关系。在特定的语篇和语境中，指示指示语的使用是为了明确所要指示的事物。例子如下：

（75）卡帕多西亚在土耳其的心脏地带，是一个充满神奇色彩的地方，这里有世界上独一无二的如月球般荒凉诡异的地貌。连绵数英里的洞穴、地道以及数百座完整的地下城，让人觉得仿佛置身于一个地球以外的世界。在这片到处都是遗失的城市的土地上，每一个洞穴甚至每一个角落周围都隐藏着不为人知的秘密，从布满陷阱的蜂窝状地道到与敌作战时使用的秘密通道，让游览其中的人无不产生一种在充满秘密的海洋里畅游的感觉。（神奇的卡帕多西亚，搜狐网，2015 年 11 月 8 日）

例（75）中第一个指示语"这里"在该语篇中指"卡帕多西亚"，"这片……的土地"指卡帕多西亚"完整的地下城"。这里用指示代词"这"来照应前边的处所名词，避免了语词的重复。

（76）除了在偶来市场吃海鲜，济州市道南洞 62-1 的大元家大海鲜锅一定不要错过,这家店是济州岛有名的美食店。他家的鲍鱼、八爪鱼这些海鲜都是济州岛海女们当天捕捞上来的,非常新鲜。满满一大盆,端上来的时候那些海鲜都还在活蹦乱跳,这样生猛的吃法真的少见。炉火上稍微煮煮就鲜得没话说,连锅里的萝卜、豆芽、金针菇也全都吃光光,还加了两份面条。(畅游济州岛,搜狐网,2015年10月29日)

例(76)中指示代词"这"来指代前一句中的"大元家大海鲜锅"饭店,用代词"那些"指端上来的"一大盆"海鲜,用"这样"指代吃海鲜的方法。这里代词"这""那些"和"这样"的运用避免了语篇词语的重复。

指示代词在旅游报道语篇中很常见,在对某一景点或现象的报道时,难免会使用指示代词来连接上下文,这样不仅可以达到语篇的连贯,也避免了词语的重复。

1.3 比较指示语

比较指称是指对相同或相似的事物之间进行比较,以此表达事物之间的相像。比较指称涉及两个或两个以上的事物,这种相像或是表现为两个事物之间的相同,或是表现为两个或两个以上事物彼此相似。(Hallidy et al.,1976)比较指称涉及两个或两个以上的事物。在语篇中使用比较指称时,需要在语篇的前后搜索构成比较关系的其他词语,进而发挥语篇的衔接关系,多使用"其余的""另外的""一样的"等词。例子如下:

(77)在美国关岛的东海岸有一片罕见的绿色沙滩,名为泰勒佛沙滩,其余的绿色留在夏威夷大岛、加拉巴哥群岛和挪威群岛上。该沙滩的绿色来自周围的橄榄矿石,是岛上熔岩流的产物。(盘点:世界上五颜六色的沙滩,光明网,2015年5月28日)

例(77)中比较指称词语"其余的"是修饰语,修饰"绿色","绿色"又特指"绿色沙滩",以此将除了美国关岛东海岸的绿色沙滩,与夏威夷等群岛上的绿色沙滩进行比较。

比较指示语在旅游新闻报道语篇中使用得比较多,通过使用比较指示语使所要描写的景点或事物达到更细致的说明,能够通过文字传递更多的信息,从而吸引更多的读者。

以下是光明网、搜狐网语料中旅游新闻语篇所使用指示语情况的统计。如表6-10所示。

表 6-10 指称词语词频数据统计

指称类别		词频统计
人称指示语	第一人称（单/复）	270
	第二人称（单/复）	175
	第三人称（单/复）	225
指示指示语	近指（这、这些）	368
	远指（那、那些）	43
比较指示语		73

根据表 6-10 的数据分析，在"一带一路"旅游新闻报道中，众多衔接方式中指示语的使用特别多，这对语篇的衔接与连贯有着重要的作用。在语篇分析中发现，使用最多的是人称指示语，各人称都占一定频次，第一人称出现 270 次，第二人称出现 175 次，第三人称出现 225 次，共计出现 670 次，使用频率比较高，使用范围特别广。这是因为旅游新闻涉及很多景点介绍，作者要通过对景点的介绍将读者与景点紧密地联系在一起，达到旅游新闻的宣传性、服务性的效果，这样便离不开对人称指示语的运用。通过对人称指示语的运用，将第一人称的作者、第三人称的景点和第二人称的读者紧密地联系在了一起，达到了语篇的人物链衔接效果。人称指示语的运用，很好地构建了游客、景点、作者之间在语篇上的关系，通过语篇传递了旅游信息，使景点被游客所识，进而激起游客游览该景点的兴趣。指示指示语的运用主要集中在"这""这里""这些""这儿"等近指的指示上，旅游新闻报道主要是在最近的时间、最近的距离报道自己的所见所闻，便需要更多地使用表示近指的指称方式。作者对指示代词的运用，使景点的描述贯穿全文，达到上下文在语义上的连贯。

2. 消息来源语

新闻报道追求真实性和时效性，在新闻语篇中，消息来源语的使用很好地体现了新闻报道真实有效的特点，也是一种重要的衔接方式。

典型的消息来源语，出现在新闻报道的开头或出现在新闻报道中间。例子如下：

（78）据英国《每日邮报》报道，位于意大利北部的马焦雷湖（Lake Maggiore）是当地人气最旺、最美不胜收的湖，因它被群山环绕的蓝绿色

湖水吸引着众多游客前来领略这一宁静、安和的自然美景。(马焦雷湖——意大利最美不胜收的湖,搜狐网,2016年1月5日)

　　(79)据磨憨口岸边检部门介绍,自昆曼公路2013年12月全线开通以来,磨憨口岸出入境旅游人数增长迅速,春节、五一、十一黄金周都出现了自驾出境游客高峰。

　　……

　　据了解,……(出境自驾游,光明网,2015年4月29日)

　　例(78)和例(79)中的画线部分都是消息来源语,都用了标记词"据"。这些消息来源语的使用增强了新闻报道的可信度,使读者的信任度有所增加。

　　还有一部分消息来源语,诸如,"记者获悉""另悉""记者从某处得知"等表示消息出处的模糊词语来表示间接消息来源。例子如下:

　　(80)北京晨报记者昨天获悉,……(女子在泰国坐快艇颠裂腰椎骨　旅行社赔钱,光明网,2015年7月28日)

　　(81)此外,记者还获悉,……(中国游客签证延长　一次签证多年有效来袭,光明网,2015年4月24日)

　　例(80)和例(81)用了"获悉"表示消息来源,但没有明确指出消息来源何处。这样报道有可能是记者认为读者清楚消息源出处,不需指出;也有可能是不便说出消息来源。

　　旅游新闻报道的消息来源语的衔接,主要体现在两个方面:一是加强语篇的连贯;二是增加新闻的真实性。当然,无确切来源的消息来源语的使用则体现了对消息来源的模糊处理原则,规避不方便说出或者透漏的消息的出处。

　　通过对光明网、搜狐网及微信公众号旅游新闻的统计分析发现,报道中对消息来源语的使用存在较大的差异,这在一定程度上反映出媒体报道的差异以及随着时代的发展旅游新闻语篇报道的一种倾向——个人原创。

　　在光明网的500篇旅游新闻报道中,几乎每一篇都会出现消息来源语,诸如"据英媒《每日邮报》8月13日报道""据美国《赫芬顿邮报》7月13日报道""据韩联社9月22日报道",等等;搜狐网则很少出现这样的消息来源语,只是转载各大网站的新闻时才会出现,剩余的都是搜狐特邀作者原创的报道，体现了作者自身的情感。微信公众号对消息来源语的使用基本和搜狐网类似，微信公众号里的报道大体都是个人或单位的原创，通常会在报道标题下面标明原创作者的名字。

在三类不同媒体客户端的旅游新闻报道中，消息来源语的使用情况反映出不同媒体新闻报道在价值追求上的差异性。光明网追求的是客观真实性；搜狐网则注重主观情感的表达；微信公众号作为一种自媒体，在吸取传统媒体优势基础上，注入了作者个人的观点。具体情况如图 6-2 所示。

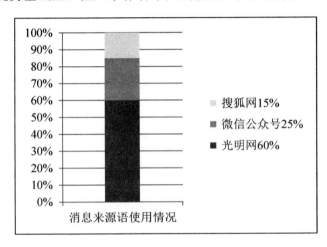

图 6-2 消息来源语使用情况数据统计

二、旅游新闻报道的句子结构特点

1. 短句为主

邓以明（1985）指出了新闻在句子运用上多使用短句和简单的句型这一特点。文章中提到了对美国合众国际社关于句子用词平均长度的统计，其中最易读的句子在 8 个词以上，11 个词为易读，14 个词是较易读，标准的是 17 个词，21 个词较难读，29 个很难读。例子如下：

（82）"寒冬爷爷"的起源，可以追溯到古代西伯利亚一带游牧民族关于冬季之神的神话传说。在这些传说中，每当冬季即将到来之时，执掌的冬季的神灵——寒冬老人就会踏上大地，其所到之处，都会被严冬与冰雪所覆盖，大地会失去生机，直到这位神灵离开，严酷的寒冬才会结束。（关于圣诞节和新年、"圣诞老人"和"寒冬老人"的一些碎碎念，哈萨克斯坦

资讯，2015 年 12 月 6 日）

（83）三面环海，地貌多变奇特，风景风格迥异，星罗棋布的运河就像闪亮的星光，照耀着属于土耳其的魅力。静谧与美丽，雄伟与忧伤，这里就像是一首融合了多重风格的交响乐，从古至今，从东到西，从亚洲到欧洲，它沉默着、凝望着、冲撞着，破败衰落过，同样也荣耀满怀过，如果你到达这个国家，它带给你的感觉绝对是直至内心的震撼。（魅力土耳其，光明网，2015 年 7 月 16 日）

（84）无论是西式还是传统，只要是土耳其人的婚礼，音乐一起，便是一个比"舞"场。新娘、新郎没有任何时间休息或换礼服，穿着白纱、西装一路跳到凌晨。音乐类型从浪漫情歌、欧美说唱音乐，到土耳其民谣、传统音乐，一首接一首；舞蹈类型跨越时代、国界，从双人慢舞、disco（迪斯科）热舞，到打着响指、扭着腰，男女扎堆，挽手围圈。跳累了，坐下来，换一拨人上；婚礼隔天那个腰酸背疼跟跑过马拉松似的。（土耳其婚礼不设宴，搜狐网，2015 年 12 月 23 日）

例（82）中共 121 个字，10 个小句；例（83）中共 150 个字，18 小句；例（84）中共 177 个字，19 个小句。通过对例（82）至例（84）的小句和字数分析可见，每个小句的平均字数在 8 个左右，属于易读的句子。由于每一小句很短，在旅游新闻报道中，容易被读者接受，更易于传播。

其次，例（82）至例（84）三个篇章语段，每个语段字数都不是很多，在 200 字以内。每一小句的结构也很简单，同样的结构重复使用，减少读者阅读障碍。不过，并非语篇中都使用短句，有些语篇有时会用长句来增加信息量，但从报道语言来说，以短句为佳。

2. 陈述句为主，兼顾其他句类

句类是根据句子语气划分出来的类型，现代汉语的句类包括陈述句、疑问句、祈使句、感叹句。陈述句表示叙述或说明事实，疑问句表示疑问，祈使句则表示命令、建议、请求，感叹句是指带有感叹语气的句子。在新闻语篇中，句类的使用多集中在陈述句上，叙述事实，报道事件。"一带一路"旅游新闻语篇中陈述句是主要的类型，但是其他句类也占有不小比重，疑问句、祈使句、感叹句的使用占了五分之一，与经济方面的新闻相比，这是一个极其显著的特点。

以下是对光明网、搜狐网旅游新闻报道中所使用的句子类型进行的分类统计，具体如表6-11所示。

表6-11　句类使用情况数据统计

句子类型	所占比例/%	句子类型	所占比例/%
陈述句	86	祈使句	5
感叹句	5	疑问句	4

在新闻旅游语篇的报道中，陈述句所占的比例最大，高达86%，感叹句、祈使句、疑问句所占的比例不是很大，都在5%左右，但它们都有自己的特点。而对"一带一路"网络新闻经济方面句类的统计发现在其新闻报道中陈述句占据主要部分，疑问句、感叹句和祈使句的比例很小。疑问句所占比例为1%，祈使句、感叹句所占比例为0.1%。可见，兼顾其他句类是旅游新闻报道的语句特色。以下是祈使句跟疑问句的分析。

祈使句在旅游新闻语篇中主要表示建议，作者通过祈使句向广大读者朋友，即潜在的游客提出建议，希望大家参与到旅游中去。例子如下：

（85）地球那么美，赶快找一个人和你一起去秀恩爱吧！（北欧夫妻晒环球旅行照秀恩爱，光明网，2015年4月22日）

（86）请准备好自驾清单，让我们一起来探寻这如宝石般珍贵的自驾旅行路线吧！（盘点：美国七大奇妙绝伦的公路旅行，光明网，2015年7月27日）

例（85）至例（86）中用语气词"吧"表示祈使建议，例（86）中还用了表示强祈使的"让"与"吧"一起组成兼语祈使句表达建议。在"一带一路"旅游新闻语篇中祈使句运用较多，是较明显的特点。

疑问句主要分设问句和反问句，在具体语言交际过程中，它们有特殊的功能，这在"一带一路"旅游报道中很明显。其一，作为设问句，通常表现为作者的自问自答。例子如下：

（87）为什么土耳其是一生中必去的地方？从去年开始，各大综艺真人秀相继赶赴土耳其，这是一个充满"质感"的国家，它是融合了欧亚两个大陆的人文风情，交织着两种文化冲击的土地，它有喝不完的咖啡和红茶，吃不尽的烤肉和香料，享不够的舞蹈和音乐。（为什么土耳其是一生中必去的地方？土耳其不土，2015年9月22日）

例（87）开头用了设问句，后边的语句都是对设问句的回答。用这样的设问方式构成旅游新闻语篇，以此引发读者的阅读和体验兴趣。

其二是反问疑问句，作者在心中已经有了问题的答案，但是不直接说出来，而是先发出一个疑问，吸引读者，然后借势引出反问中所预设的答案。例子如下：

（88）就如同我常常说，历史不必背诵，但可以感知，在夕照下那一张张巨大的脸庞<u>不正在诵读着历史吗</u>？在这山巅的风声不正在一一诉说古安纳托利亚的庄严吗？（土耳其不解之谜——神秘秘境内姆鲁特山，土耳其不土，2015 年 10 月 23 日）

例（88）用"不正在诵读着历史吗？"反问句式强调对旅游景点的重视。疑问句的使用并不是真的想要问读者，而是以问句的方式，或设问或反问来引出作者自己所要表达的内容，在行文上达到连贯。这样的安排不仅使文章摆脱句类使用的单一形式，而且可以吸引更多的读者，引起读者的思考并引导读者的阅读兴趣。

三、语篇布局分析

"一带一路"旅游新闻报道语篇结构主要运用提示结构、并列结构、平行结构，通过这样的结构将整个语篇连接在一起，使行文流畅。在旅游新闻报道中，这三种结构出现频率最高。它们在语篇的衔接与连贯上发挥着重要的作用。

1. 提示结构

提示结构主要是指旅游语篇特有的建议提示。一般来说，新闻报道要求一篇新闻需要有标题、导语、主体、结语、背景，这样能够给读者展现最基本、最完整的信息。导语概括语篇的主要思想，接着对新闻背景进行介绍，进而展开对细节的报道，最后需要有结语。根据所搜集的语料，我们发现，"一带一路"旅游新闻的报道结尾部分呈现出了自身的特点——出现了旅游小贴士、友情提示、旅游攻略等旅游建议的内容。例子如下：

（89）土耳其不解之谜——神秘秘境内姆鲁特山

......

<u>素走世界 tips：</u>

......

（搜狐网，2015 年 4 月 28 日）

（90）阿布辛贝勒神庙，聆听埃及法老的呜呜

......

<u>实用攻略：</u>

......

（搜狐网，2015 年 10 月 22 日）

（91）出境游催热随身 WiFi 市场 运营商漫游费下调仍"显贵"

......

<u>小贴士：</u>

......

（光明网，2015 年 7 月 27 日）

（92）自驾西澳大利亚 享受阳光海鲜

......

<u>驾驶贴士：</u>

......

（光明网，2015 年 9 月 24 日）

（93）黄昏的哈勒姆小城

......

<u>景点推荐：</u>

......

（光明网，2015 年 10 月 29 日）

例（89）至例（93）中的"素走世界 tips""实用攻略""小贴士""驾驶贴士""景点推荐"等是旅游新闻报道中最具特色的地方。作者在新闻报道的结尾为读者提供了一些旅游建议，通过这样的结构安排，把整个语篇与读者紧密联系在一起。在此基础上，我们统计了三大客户端出现旅游建议的比例，如表 6-12 所示。

表6-12　插入结构使用情况数据统计

三大网站	提示结构所占比例/%
光明网	12.0
搜狐网	36.0
微信公众号	25.0

从出现提示结构所占比例来看，搜狐网的新闻报道里较多，占36.0%；微信公众号的新闻报道次之，占25.0%；最后，是光明网的新闻报道里的提示结构最少，占12.0%。各新闻报道里呈现出不同的比例。

对于旅游新闻报道而言，读者阅读这篇旅游新闻往往带有一定的目的性，对新闻中介绍的景点，读者往往有一种亲临体验的心理需求，因而会关注新闻。作者在写一篇旅游报道时也有一定的想法，或是报道需要，或是有感而发，或是写给大家以供参考。结尾部分插入旅游建议大大拉近了作者与读者的距离，形成了作者与读者的互动，通过文章进行直接的交流，提高点击量，达到更好的报道效果。游客去某地旅游往往带有目的性，看世界、享美食、交朋友、散心情等，在旅游中发现不一样的人生，去感受美、享受美。因此，一篇旅游新闻就需要从游客所需角度入手，不单单报道一处景点、一个节日，而是尽可能通过一篇报道给读者提供最多的信息，引发他们走出去看世界的冲动。用建议方式是旅游新闻的一大语言特点。这些旅游建议能够让读者在了解景点的基础上，也能获得其他相关信息，如机票、酒店、饮食、穿衣等不同方面的信息，使读者摆脱对旅游过程的担忧，使他们心理上缩短与旅游目的地的距离。

2. 并列结构

"一带一路"旅游新闻中有很多语篇是对同一主题分条阐述，形成一种罗列的关系，达到结构上的并列关系。例子如下：

（94）粉色盐湖惊艳世人　盘点世界上五颜六色的湖

可雅什科夫盐湖

……

九寨沟五彩湖

……

塞内加尔玫瑰湖

……

玻利维亚红湖

……

美国大棱镜温泉

……

加拿大斑点湖

……

（光明网，2015 年 6 月 15 日）

（95）爪哇，这个岛和它的名字一样美！

①婆罗摩—滕格尔—赛梅鲁国家公园

……

②梅鲁—贝提李国家公园

……

③日惹

……

④婆罗浮屠

……

（光明网，2015 年 3 月 21 日）

（96）盘点：世界上不同色彩最美的彩色沙滩

红色

……

黄色

……

橙色

……

蓝色

……

（光明网，2015 年 8 月 13 日）

（97）五一出境游 日韩泰最热门

　　签证利好

　　……

　　热门出游

　　……

　　怎么玩嗨

　　……

（光明网，2015 年 4 月 28 日）

　　通过对例（94）至例（97）行文结构布局的分析，我们可以发现报道语篇中语言之间的并列结构关系，即把在内容上相互平行的内容以罗列清单方式地来安排，共同用来说明文章的整个主题。

　　3. 顺承结构

　　顺承结构就是按照时间或逻辑顺序来谋篇布局的一种语篇结构组织形式，在旅游语篇中也很常见，通常会使用一些标记词，例如，"起初""后来""开始的时候""不久""首先""其次""最后"等等。例子如下：

（98）尼泊尔巴德岗古城 心中的宁静之城

　　首先……

　　其次……

　　最后……

（搜狐网，2015 年 4 月 28 日）

　　例（98）中用"首先""其次""最后"三个关联词语完成了语篇衔接，将所要叙述的事情发展前后顺序展现出来，使文章能够引起读者的注意。例子如下：

（99）下龙湾：越南的海上桂林

　　6 点醒来，……

　　洗漱完毕，……

　　午饭后……

　　船行不久……

（搜狐网，2015 年 10 月 25 日）

　　例（99）用动作动词的先后使用表示时间顺序，其中的连贯主要通过语义的连接来完成。

（100）被神秘的传说吸引到金字塔竟有超乎想象的发现

　　　　当晚，……

　　　　第二天，……

　　　　第三天，……

（搜狐网，2015 年 1 月 25 日）

　　例（100）用时间上的推进表达行文写作的结构方式，按照时间顺序的发展布局写作，达到时间顺序上的承接。

第七章
新闻报道中与"一带一路"相关的
语言需求和语言服务

　　语言服务是指主体因为语言、为了语言或通过语言而为客体工作。(郭龙生，2012)屈哨兵(2007)将语言服务分为四类：语言翻译服务、语言支持服务、语言教育服务和特定行业领域语言服务。其中"语言翻译服务"即狭义上的语言服务。可见，语言服务不仅仅是翻译这么简单，它是一种文化服务，尤其在跨文化的情况下，单纯文字上的翻译并不能构成完整的语言服务系统，更深层次服务的目的是达到文化理解与和谐相处。

　　有关"一带一路"的新闻报道是直接为"一带一路"做传播的主要渠道，其主旨就是为"一带一路""五通"建设服务，因此对于"一带一路"新闻报道语言的研究，还须充分考虑其为社会服务的功能。这主要包括两个方面：第一，新闻报道能更有效地为"一带一路"建设服务；第二，透过新闻报道了解"一带一路"建设的进程和发展趋势，为有志于参与"一带一路"建设的集体或个人提供所需要的信息。

第一节　政策法规新闻报道反映出的语言需求与服务

　　随着"一带一路"倡议的稳步推进，媒体在"一带一路"倡议传播中起着不可忽视的作用，公众可以通过媒体了解到各种各样的有关"一带一路"倡议的信息。目前，网络媒体是公众了解"一带一路"政策法规信息的重要途径，但是经过对"一带一路"政策法规的报道语料进行整理发现，网络媒体和新媒体中有关"一带一路"政策法规的报道仍存在一些问题，如报道来源不够丰富，公众参与度不足，报道缺乏原创性，新媒体报道力度欠缺，报道内容不够全面，有些政策报道中存在措辞不当问题，等等。针对这些情况，媒体自身需要及时改进报道中的语言风格，以平实的语言报道政策法规，以国际化视野及时捕捉各国政策法规中的注意事项，以全面细致的报道为"一带一路"的顺利推进服务。

一、丰富报道来源，鼓励公众参与

　　通过对政策法规报道来源分析发现，来自民众和国外媒体的报道非常少。政府部门、智库专家学者以及国内各大媒体对"一带一路"倡议解说和报道热情高涨，但国内民众却对此关注不够。人民网、澎湃新闻和各微信公众平台的每篇报道下都设有评论模块，但相关回复和讨论都很少。对"一带一路"百度贴吧和"天涯社区"的搜索情况也进一步证明了国内普通民众对于这一议题的关注较少。此外，通过对新闻网站相关报道的搜索可以发现，以"海上丝绸之路"为关键词筛选出的报道数量比以"丝绸之路经济带"为关键词筛选出的报道数量少得多。这说明在现阶段对"一带一路"的报道还是具有一定倾向性。而造成这种倾向性的原因既可能是由于报道者本身更偏重于对"一带"的报道，也可能是相较于"一路"而言，"一带"在建设中的动作更大，有更多吸引民众关注的事件。如果是前一类原因造成的报道数量不平衡，那么各大媒体，尤其是全国性媒体需要尽量做到对"一带一路"建设进行全方位报道，加深普通民众对"一带一路"倡议的认识。目前很多网民对"一带一路"倡议并不太理解，认为"一带一路"倡议只不过是"西部大开发"的另一版本。另有很多网民认为向外输出产能等政策还需时间验证，并且认为"一带一路"倡议实施的困难性过大，需要较长时间落实。所以，加强对"一带一路"倡议的全面报道能够让更多的人了解其发展情况。如果是后一类原因造成的"一带"和"一路"在报道数量上的不平衡，那么有关报道就反映了目前"一带一路"建设本身在不同地域推进的不平衡性。

同时，根据对三大网站相关政策法规报道的梳理可以看出，来自国外媒体的报道数量非常少，人民网只有11篇，天山网有1篇，澎湃新闻只有7篇。几乎听不到外国媒体的声音，这也局限了民众对"一带一路"沿线国家政策法规的了解与解读，同时也未能给"走出去"的企业和商人对国外政策法规的了解提供媒体的帮助。鉴于此，媒体应加强国际化政策法规的报道力度，让媒体也能提供一定的"一带一路"政策法规服务，引导更多的企业和华商参与到"一带一路"沿线国家建设中去。

二、鼓励原创报道，创新报道内容

据统计，作为主要报道语料来源的 6 个媒体中，澎湃新闻、"tjk（塔吉克）"和"乌兹别克环球零距离"的自采报道占比超过了半数，但是作为数据主要来源的人民网和天山网自采报道的占比都不足本媒体报道总量的20％。因为原创文章很少，大多数文章都转自其他媒体，所以报道重复率高，内容几乎千篇一律，缺乏自己的特色，很难吸引读者。因此，在政策法规报道中，需要进一步增加原创性报道比重，使各大媒体形成自己的报道特色，以满足民众的需求。此外，目前国内媒体所发布的政策法规报道的内容主要涉及的是中国的政策法规，对"一带一路"沿线国家政策法规的报道很少，而这正是中国企业能够顺利"走出去"最需要的内容。媒体需要有更多有关"一带一路"沿线国家政策法规的报道，为中国企业"走出去"提供服务。

三、增强微信平台报道力度，拓展报道内容

从报道数量上看，三大微信平台上的相关政策法规报道数量都很少。自 2014 年 10 月 19 日至 2016 年 2 月 8 日，"tjk（塔吉克）"微信公众号上有关"一带一路"政策法规的报道只有 10 篇；自 2015 年 1 月 13 日至 2016 年 2 月 8 日，"哈萨克斯坦资讯"微信公众号上相关报道共有 43 篇；自 2015 年 3 月 23 日至 2016 年 2 月 8 日，"乌兹别克环球零距离"微信公众号上同类报道仅有 33 篇。政策法规报道在上述三个微信公众号的占比分别为 15.9％、21.0％、19.3％。

从报道内容上看，主要表现在微信公众平台上相关报道内容的缺失。例如，人民网上"中国与乌兹别克斯坦签署文化交流合作协议"（2015 年 11 月 2 日）的相关报道在微信公众平台上就没有体现，类似的缺失还有很多。

尽管微信公众平台对政策法规的报道无论是在数量上还是在涉及的层面上都不如人民网等网络媒体报道得多，但是作为新时期读者获得信息的主要渠道，其受众群体数量庞大。在这些平台上加大政策法规报道的力度，无疑是快速扩大"一带一路"倡议的相关政策法规影响的有效途径。

四、构建合适的话语体系，注重措辞的严谨性

"一带一路"建设是在共商、共建、共享的原则下进行的。"一带一路"建设规划需要沿线国家和地区的合作共建，这决定了针对"一带一路"倡议的政策法规的报道并非都是对内报道，其读者必然会包括来自"一带一

路"倡议所覆盖的各个国家和地区的民众。要想使"一带一路"建设顺利推进，实现沿线国家发展的相互对接，媒体报道的话语表达显得异常重要。但由于目前有关"一带一路"相关政策法规的报道主要来自国内媒体，因此在报道语言的表达上难免会存在一些倾向，如果以国外媒体或读者的眼光来看，其中的一些措辞可能会造成误解，进而影响到我国与"一带一路"沿线国家的合作。例子如下：

（1）国投新丝路成"一带一路"主题基金排头兵（人民网，2015年6月30日）

（2）报告：打造大湄公河次区域合作升级版发挥高地作用（人民网，2014年9月26日）

（3）青岛谋建双向开放桥头堡（人民网，2014年4月3日）

上述标题中的"排头兵""高地""桥头堡"等词语都使用了比喻义。如例（3）中将"青岛"比作"双向开放桥头堡"意在说明青岛在"一带一路"倡议中的重要地位及其在参与"一带一路"建设中的积极性。这些报道标题的表达看似没什么问题，但如果转换立场来看，这些标题的措辞难免会产生一种生硬的感觉，听起来让人生畏。究其原因，这些词语原本都是军事领域的词语，在这里虽然用了比喻手法，但其本义所固有的攻击性仍然很明显。这样的词语用在推进"一带一路"倡议的报道中容易让外国受众产生距离感，不利于促进"一带一路"倡议的宣传与推进。因此国内各媒体在对外宣传报道"一带一路"倡议时特别需要注意语用措辞，需要多转换立场，充分顾及沿线国家民众的感受，运用其能够接受的话语表达，才能称得上是用报道为"一带一路"建设的顺利进行做好服务沟通工作。

第二节　经济新闻报道反映出的语言需求与服务

经济发展是"一带一路"沿线国家的主流呼声，与《推动共建丝绸之路经济带和21世纪海上丝绸之路的愿景与行动》中提到的"加快'一带一路'建设，有利于促进沿线各国经济繁荣与区域经济合作，加强不同文明交流互鉴"相吻合。经济发展是"一带一路"沿线各国民众的心愿,经济活动的开展需要媒体报道的宣传与参与。通过媒体的报道能让更多的沿线国家人民了解、知晓在"一带一路"沿线建设中结成的硕果。因此,媒体报道具有举足轻重的作用。通过考察,发现在经济新闻报道中存在的问题,通过这些问题分析怎样更好地为"一带一路"倡议下经济建设服务,是这一研究的意义所在。

一、"一带一路"倡议中的服务意识

"一带一路"倡议作为联通我国和沿线国家的一项重大倡议,势必会对沿线国家及其人民产生重大影响。媒体报道是消息传播的主要途径,在"一带一路"相关活动开展时,媒体的作用是巨大的,所以媒体要充分发挥其支撑作用。通过对"一带一路"经济新闻进行研究分析发现,从报道内容、报道角度、篇幅长度等几个方面来看,相关新闻报道还有提高的空间。

就报道内容而言,相关报道存在着以下几个问题。首先,虽然有关经济的报道占报道内容的比重较大,但是同一新闻内容的报道重复率过高,即使在同一网站也存在着同一报道重复出现的情况,这不仅降低了网站新闻的有效性以及对读者的吸引力,还浪费了网站的资源。其次,媒体对于"一带一路"经济新闻的报道热度依旧,在各项新闻报道中经济新闻所占比重较高。媒体对"一带一路"经济前景保持乐观和充满自信,但是缺乏对可能面临的问题和风险的分析与评估。最后,从经济新闻报道的切入点可以看出,目前的报道主要以国内各地区、各行业投入"一带一路"建设的情况为主要内容,且新闻报道多以积极事件为主,这说明国内对"一带一路"倡议的高度关注。但是对于这一倡议在国外的推进情况报道明显不足,而且相关报道也多以国人视角展开,使得报道的公信力打了折扣,这是未来媒体发布相关报道时需要注意的。

从网站已发布的报道来看,目前主要以国内媒体对"一带一路"的报道为主。调查数据显示,外媒发布的相关报道在网站上仅有 4 条。这说明媒体对经济新闻的报道面过窄,要反映出"一带一路"建设在沿线国家的实施情况,需要进一步拓宽报道来源。通过增加外媒报道的刊载量来改善这一缺失,应该是一个行之有效的途径。适量引入国外相关报道,可以让国内民众更好地了解国外对于"一带一路"倡议的态度，并据此开展相关经济活动。这样不仅使报道更具公信力，而且能够为已经参与"一带一路"建设或准备参与其中的各方提供一定的信息支撑。

就经济新闻的篇幅而言，"一带一路"经济新闻的报道篇幅较长。篇幅主要集中在500～1500字，1500字以上的报道也不少。较长的报道篇幅可能是由于经济新闻报道要求准确性、专业性的特点以及报道内容要求具有较大的信息量决定的。不过，在信息井喷的当下，新闻报道篇幅的长短和编写形式对阅读会产生很大的影响。所以在对经济新闻进行编辑时，媒体需要在力求保证经济新闻的准确性和专业性的同时，尽量长话短说，突出重点，让读者有阅读兴趣。

二、"一带一路"倡议为企业的服务意识

自国家"一带一路"倡议提出以来，相关的经济活动如火如荼地展开。"一带一路"的经济新闻报道是人们认识和了解这一倡议决策的主要途径，对企业的经济活动也具有导向作用。全面客观的报道能够为"走出去"的企业投入"一带一路"建设提供信息支撑。

在"一带一路"经济新闻报道中，会议报道比重较大并且报道覆盖的经济领域非常广泛。由此看出我国各省份、各行业对于"一带一路"国家政策的积极响应情况。一方面，"一带一路"倡议具有巨大的发展潜力，覆盖经济建设的各主要领域，这对于以后企业经济活动的开展具有极强的导向作用；另一方面，"一带一路"覆盖的地域非常广泛，目前的报道只涉及了其中的一部分，还有可以开拓报道渠道的巨大空间。通过尽可能地报道涉及的国家和地区，可以帮助国内企业从一定程度上发现目前"一带一路"经济活动开展较多的热点国家和地区。对于相关企业来说，这些国家和地区的市场都有着巨大的吸引力。据国务院国资委发布的《"一带一路"中国企业路线图》，到2014年底，国资委监管的110余家央企已经有80余家在"一带一路"沿线设立分支机构（华晔迪，2015）。由于"一带一路"沿线地域辽阔，地理、文化、宗教及习俗各异，国情复杂，企业在当地开展工作难度较大，媒体有责任为企业尽快了解当地国情，尽早开展企业业务提供及时有效的新闻服务。

三、"一带一路"倡议人才培养服务意识

"一带一路"倡议是国家统筹国内和国外两个大局提出的顶层决策，是包括中国在内的"一带一路"沿线国家多领域、全方位的合作共建，而这一过程需要大量人才的支撑。通过媒体的报道不难发现，目前就经济建设而言，无论是国内还是"一带一路"沿线国家和地区都需要大量既懂专业又通语言的人才。通过媒体报道传递出的人才需求信息可以为目前的人才培养提供导向。

根据对"一带一路"经济新闻的大量报道可知，为了满足"一带一路"建设对人才的需求，以下方面亟待加强。第一，必须要充分发挥国内专业领域人才的优势，如可以在"一带一路"建设中吸纳金融、贸易、电子信息、项目工程等各个领域的专业人才。第二，要重视语言人才的培养，在现阶段需要着重加强俄语人才的培养力度，同时依托核心区的地缘优势和语言优势，兼顾"一带一路"非通用语言人才的培养。第三，要充分发挥来华留学生优势，充分发挥来华留学生的纽带作用。据来华留学网和中国教育在线联合发布的《2014 年度来华留学调查报告》显示，自 2014 年来共有 203 个国家和地区的约 37.7 万名留学人员在我国的 775 所高校学习。就来华留学生规模来说，来华留学生已占全球留学生的 8.0%，我国已成为继美国和英国后的世界第三大留学生输入国。随着我国与"一带一路"沿线国家和地区经济活动的日益开展，这一比例还将会扩大。来华留学生经过在华的留学经历后对中国社会生活的各方面有着相当程度的认识和了解，对于促进中国与其所属国家的经济合作有着不可忽视的作用。第四，在当地培养汉语普及型人才，中国企业"走出去"要面临着在当地招收员工的问题，根据邢欣、邓新（2016），沿线国家民众学习汉语主要是为了就业，而从员工构成来看，中资企业在属地国需要的主要是普及型的汉语人才。媒体应多关注"一带一路"建设中人才培养的新闻，及时报道有关经济人才的需求及培养状况，为人才培养服务。

第三节 文化交流新闻报道反映出的
语言需求与服务

对"一带一路"文化交流报道的分析，使我们对这类报道本身的特点以及目前所开展的"一带一路"文化交流活动有了一个比较直观的认识。文化交流报道的目的主要是为民心相通服务，它是民众了解"一带一路"文化交流活动的窗口，也是扩大相关文化交流活动影响的主要渠道。通过对文化交流报道的分析，不仅能够发现目前报道的主要特点，改进不足，能够有效地发挥其为"一带一路"服务的功能，还能透过报道了解目前文化交流活动的开展情况及其对文化交流的需求。

一、有效发挥文化交流报道的功能

为了达到沟通情感的目的，文化交流报道本身的报道形式和报道内容以生动活泼为主，以此吸引读者。通过对"一带一路"文化交流新闻报道的分析，发现可在以下方面加以改进。

（一）扩大"一带一路"报道的地域广度，加大重点地区的报道

根据本书第三章分析，文化交流报道的国家和地区主要集中在亚洲及欧洲，而对亚洲的报道主要集中在南亚、西亚和东南亚。但是，针对"一带一路"建设重点推进的中亚地区报道相对较少。中亚地处欧亚大陆腹地，"丝绸之路经济带"的建设离不开中亚国家的参与。中亚各国与"一带一路"核心区新疆的文化交流合作频繁，联系密切，目前国内对这一方面的报道还未能充分凸显中亚的重要作用。"一带一路"倡议涉及国家和地区众多，可是相关文化交流报道只覆盖了其中的一小部分，且很多国家在报道中只出现过一次。因此，为了更有效地为实现民心相通服务，还需要进一步扩大文化交流报道的地域范围。同时，还应该加大对核心区与中亚地区文化交流的报道，从而让民众了解这些区域的国情和文化，为"一带一路"文化交流做好铺垫。

（二）细化文化交流报道主题，突出文化交流报道特色

根据统计，文化交流报道主要集中在博览会、艺术节、研讨会、论坛等综合性较强的主题上，而对茶艺展示、瓷器欣赏以及各地中国画展等为主题的专题报道相对较少。另一方面，从 2015 年开始，对歌舞剧和春晚、华侨交流等主题的报道开始增多，这说明文化交流报道正在向更具体、更生动的方向转变，这有别于以客观性、时效性、简洁性为特点的一般报道。这种变化符合文化交流报道传递沟通情感、为民心相通服务的初衷。因此，在以后的报道中需要继续鼓励和提倡这种转变，展现友好交流的姿态，从而加深不同国家间的理解与合作。

（三）增加形象性辅助语言的使用，增强文化交流报道吸引力

形象语言如视频、图片等，在新闻报道中发挥着不可低估的作用。文化交流报道重在传情。此类报道需要形象语言的支撑与辅助。根据本书第三章的统计，含形象语言的报道在 2014 年至 2015 年只占文化交流报道总量的 16.0% 与 24.6%。视频与图片更具有直观性，在新闻报道中能够起到积极的作用。"一带一路"建设重视情感的传递作用，所以在文化交流报道中，需要进一步加大形象化视频、图片的数量，增加交流的积极因素，利用新媒体的先进手段打破地域限制，促进交流更顺畅地进行。

（四）恰当使用修辞手法，平衡艺术性与信息性

"一带一路"文化交流报道中使用了大量的修辞手法，特别是使用了"拟人""比喻""借代"等修辞手法，使得标题更有艺术性，更有吸引力。但值得注意的是，"拟人""比喻""借代"等修辞手法虽然能够成功吸引读者注意，但由于信息隐含于修辞手法之中，读者很难直观判断报道内容，例如，"架起心灵沟通的'文化桥梁'"，单从这个标题很难判断报道的具体内容，只有进一步细读报道语篇才能得知"文化桥梁"指的是什么、举办了什么主题的活动。所以文化交流报道标题，在保持新颖、独特的魅力的同时，还需注意标题传达的信息量。

（五）适当使用引语，增强对报道事件的代入感

通过对 2015 年"一带一路"文化交流报道的篇章引语分析，发现在 138 篇文化交流报道中，共有直接引语 118 个，间接引语 143 个，每篇报道平均出现近两个引语。文化交流本身是一个互通感情的过程，如果处理

不当，会使得"一带一路"相关国家和地区的人民产生排斥心理，不利于国家和地区之间的友好交流。使用引语，不仅能增强报道的公信力，而且通过对场景的真实还原，还能增强读者的代入感，拉近新闻报道与读者之间的距离。这种引语的使用也应很好地保留在以后的报道语言中。

二、媒体为文化交流服务

（一）机遇与挑战并存

新闻报道必须以事实为依据，因此报道在对国家和地区选择上的倾向性，在很大程度上也反映了目前文化交流活动开展的倾向性。也就是说，对一些国家和地区缺乏报道很有可能就是因为针对这些国家和地区的文化交流活动还未展开，这对未来文化交流活动的开展既是机遇也是挑战。第一，这为未来中国对外的文化交流活动提供了方向，也就是在继续深化对热门国家和地区展开文化交流的同时，积极拓展与"一带一路"沿线国家和地区在文化交流方面的合作。第二，从对国内各省、自治区、直辖市参与"一带一路"文化交流情况的报道来看，目前参与较多的主要是"一带一路"建设的节点省份，有北京、陕西、新疆、上海、福建、云南、甘肃、山东、宁夏、浙江等。但是对于国内其他地区来说，也需要抓住"一带一路"建设的机遇，利用地方特色文化与沿线国家开展文化交流活动，为民心相通服务，将全国各地各民族的特色文化推向世界，让世界更全面地了解中国，让中国以更独特的姿态展现在世界面前。

（二）明确人才需求走向

依据报道主题可知目前文化交流的热点以及两年多来报道主题的转变情况，而这些信息可以帮助我们明确在"一带一路"文化交流方面的人才的需求状况。第一，"一带一路"倡议的发展需要的是各个领域的专业人才，通过对报道主题和领域事件的分析可以看出，目前文化交流的内容十分丰富，不仅包括传统文化技艺，也包括当代文化产品如影视作品、书籍等的交流活动，因此需要大批相关专业人才；第二，通过对报道主题的统计可知，各类博览会、艺术节、论坛目前仍是"一带一路"文化交流活动的主要形式，这些活动的开展往往都需要专业人才的策划与实施，所以，随着"一带一路"文化交流的深入，对专门从事会展策划的人员的需求必然会进一步增加；第三，要保证文化交流顺利开展，降低误解发生的概率，还需要大量对交流双方或多方的语言文化有充分了解的人才来沟通。

第四节 旅游新闻报道反映出的语言需求与服务

《推动共建丝绸之路经济带和 21 世纪海上丝绸之路的愿景与行动》明确提出了"一带一路"沿线国家和地区今后发展的重点，即"加强旅游合作，扩大旅游规模，互办旅游推广周、宣传月等活动，联合打造具有丝绸之路特色的国际精品旅游线路和旅游产品，提高沿线各国游客签证便利化水平。推动 21 世纪海上丝绸之路邮轮旅游合作。积极开展体育交流活动，支持沿线国家申办重大国际体育赛事"。发展旅游是推进民心相通的有效举措，媒体报道在民心相通方面发挥了巨大的作用。媒体的报道，可以让更多的人了解和关注"一带一路"上的旅游信息，激发起民众广泛参与的兴趣与热情，从而繁荣"一带一路"沿线的旅游市场，也能为"一带一路"民心相通服务。不过通过对旅游新闻报道的统计发现，目前的报道无论是就报道本身还是就其对"一带一路"沿线旅游业发展状况的反映来看，仍有不少值得注意的方面。

一、平衡景观介绍，加强历史文化景观的宣传报道

首先，加强"一带一路"沿线国家民俗风情、历史文化的介绍。在与"一带一路"沿线国家沟通和交往中首先要注重民心相通，因此加强彼此的了解很重要。从旅游报道的角度看，促进民心相通，让中国人"走出去"，需要加强对境外国家和地区旅游景点的介绍，并且涉及面要广，不仅要有自然景观、人文景观的介绍，还要有历史文化景观和民俗文化的介绍。经过对所收集报道的考察发现，旅游新闻报道对上述这些方面都有所涉及，但是从整体而言对自然景观的介绍比较多，对历史和文化的介绍比较少。这也反映出了媒体旅游报道中存在的一些问题，说明我国媒体报道对境外国家的历史和民俗文化的报道关注度不够。

其次，媒体还需加大对境外国家历史和民俗文化的介绍，进一步发挥其宣传、引导作用。让我国民众对境外国家的历史与民俗有了解、有认识，才能激发他们前往的热情与兴趣。民心相通，旅游先行，旅游新闻在推动"一带一路"走进人们生活的道路上发挥着不可替代的作用。

最后，应该平衡冷热景点报道，全面传递国家景点信息。据我们对所搜集资料的考察，有关境外国家旅游景点的报道大都集中在热门景点上，重复报道较多。报道有关土库曼斯坦的 12 篇文章中，介绍土库曼斯坦"地狱之门"的就有 7 篇。又如关于土耳其的介绍主要集中在对伊斯坦布尔的报道上，多达 329 篇。这种对热门景点或地区报道过于集中的现象应当引起媒体的注意。对于沿线国家和地区景观的介绍不能只限于热门景点，应注意多对其他"冷门"景点进行报道。有了全方位、立体化、多层次的介绍，将更容易激发读者的阅读兴趣，从而扩大报道的受众面和影响力，更好地为"一带一路"服务。

二、平衡国家介绍，加强对中亚国家的报道

从原国家旅游局公布的 2015 年第四季度出境游数据可知，国内游客出境目的地呈现不均衡的分布状态。仅以亚洲的国家和地区为例，赴"一带一路"沿线的中亚、西亚国家旅游的人次相比于赴日韩、东南亚以及中国港澳台地区的要少得多。

表 7-1　2015 年第四季度中国出境游洲际数据统计

出境目的地	亚洲	欧洲	美洲	大洋洲	非洲	其他
出境人次	11410971	1607996	306086	361268	94126	33374

表 7-2　2015 年第四季度中国赴亚洲国家和地区出境游数据统计

出境目的地	中国港澳台地区	日韩	蒙古	印度	东南亚	亚洲其他
出境人次	3936268	3138008	5395	73925	3883601	447709

结合本书第三章对"一带一路"旅游新闻涉及的国家分布状况看，旅游新闻报道中涉及"一带一路"沿线国家的比较少，没有充分发挥旅游新闻报道的宣传、带动作用。在今后的旅游报道中还需加强对"一带一路"沿线国家的介绍和推广。文化和旅游部旅游名录除对国内地区景点的普及

介绍外，还可开辟"一带一路"沿线国家旅游景观介绍专栏，方便出境游人员了解"一带一路"沿线的旅游景点。国家还可以出台相关优惠政策，促进对毗邻"一带一路"沿线国家的国内相关省份旅游景点的推广介绍，从而推动我国西部地区的旅游产业的发展。如新疆推出的"99 元年票"等活动，带动了新疆旅游业的发展。以此推之，这是一个值得借鉴和推广的策略，旅行社可以将"一带一路"游的不同景点组合年票的优惠提供给游客，让游客根据需求进行自主选择。同时，航空公司、客运公司也可进行优惠促销活动，提供特价票种，以推动旅游业的发展。

三、平衡报道角度，加强国际视角的报道

根据本书第三章的分析，在有关境外旅游的报道中高达 91.0％的报道是从国内视角出发介绍国外景点的，仅有 9.0％的报道是从国外的角度出发来介绍国外景点的，因此整个网站报道就偏向于国内报道，但是由于文化认知的差异，立足于不同出发点的报道其关注点和兴趣点必然会有所不同。为此，媒体网站可以翻译一些国外旅游景点、文化风俗的介绍性报道，也可以提供一些国外游客的旅游攻略，展现出多面的旅游画面，吸引读者的眼球。各大网站不仅需要派遣驻地采编，还需要充分发挥海外华侨华人的积极作用。海外华人华侨长期居住在国外，对居住地国家的历史文化、风俗民情、旅游信息比较了解，因此源自他们的介绍更为直观可信，也更容易吸引潜在的游客群体，从而激发游客出去"转转"的兴致。总之，国际视角的报道还需要加强。

四、制定"一带一路"旅游语言规划，提高旅游业人才质量

媒体报道以客观事实为内容，因此提高旅游新闻报道的质量和水平，需要依托旅游业自身的发展。"一带一路"建设的开展需要大量多语种人才，旅游业也不例外。而目前国内外语人才培养仍是以英语为主，这就需要改变思路，拓宽语种，为"一带一路"所需要的多语人才服务。在这方面，媒体也应加大多语人才培养的宣传力度，为国家战略服务。在"一带一路"重要沿线国家中，以俄罗斯为主的说俄语的国家占了很大比例，依托高校，发展俄语，培养俄语专业型人才、复合型人才，这是当前形势下

推动"一带一路"旅游事业发展的重要任务之一。俄语作为一个大语种，在"一带一路"的倡议下，特别是在"丝绸之路经济带"上具有举足轻重的地位。发展赴这些国家旅游的业务，俄语是必备的工具。目前我国开设俄语专业的高校多分布在东北、华北和新疆，为此需要在现有俄语教育资源的基础上做一定的倾斜与调整，即以东北和新疆高校为依托，重点为开拓俄语国家旅游市场储备人才提供条件。

应该加强"一带一路"沿线国家和地区非通用语种的推广。国家"一带一路"倡议的实施，推动了沿线国家和地区语言的发展，使沿线国家和地区的非通用语种如雨后春笋般成长起来。目前，国内各大高校相继开设了非通用语种专业，形成了一股猛烈的"小语种热"。有目的、有计划地培养非通用语种人才，以专业需求为导向，建立旅游校企产业联盟，依托核心区固有的语言资源优势，扶持非通用语种的发展，进而为旅游发展奠定基础。

建立旅游人才储备库，形成"全民皆可做导游"的模式。在对旅游从业人员的培养中，要特别加强对导游人才的业务素质及职业道德方面的培养，形成一个动态的可调节的导游从业模式。此外，还要提高旅游服务中介的职业素养及服务能力，提升旅游产业的服务质量。这些措施的实施，都离不开媒体的助力。

参考文献

艾克热木江·艾尼瓦尔，朱卉，张允，2015. 主流媒体报网互动：关于"一带一路"的新闻报道研究[J]. 新闻研究导刊，6（23）：17，73.

爱德华·萨丕尔，1985. 语言论[M]. 北京：商务印书馆.

包俊，2014. 旅游新闻报道问题与对策研究[J]. 新闻研究导刊（15）：26.

蔡武，2014. 坚持文化先行 建设"一带一路"[J]. 求是（9）：60，63.

陈炯，2003. 论法律术语的命名与选用[J]. 修辞学习（6）：38-40.

陈力丹，2000. 我国经济新闻的发展和变化[J]. 新闻实践（4）：11-14.

陈平，2009. 浅探网络新闻受众阅读心理与对策[J]. 企业家天地·下旬刊（理论版）（5）：207-208.

陈菘霖，2016. 词汇转类及类推——以台湾地区华语为例[J]. 汉语学报（1）：62-69，96.

陈望道，2006. 修辞学发凡[M]. 上海：上海教育出版社：22.

陈章太，2005. 语言规划研究[M]. 北京：商务印书馆.

陈卓，2007. 旅游新闻简论[D]. 湘潭：湘潭大学.

储殷，高远，2015. 中国"一带一路"倡议定位的三个问题[①][J]. 国际经济评论（2）：90-99，6.

崔进，1994. 谈导游语言的节奏美[J]. 宜昌师专学报（社会科学版），16（4）：59，67.

崔璐，2010. 中国法律术语特点及相关问题分析[D]. 北京：中国政法大学.

崔岩，2015. 导游语言中修辞格的语用分析[D]. 长春：东北师范大学.

---

① 鉴于国家媒体报道中统一用"'一带一路'倡议"的说法，现将早期报道中的部分说法改为"'一带一路'倡议"。

戴曼纯，2011. 国家语言能力、语言规划与语言安全[J]. 语言文字应用（4）：123-131.

戴庆厦，2010. 语言关系与国家安全[J]. 云南师范大学学报（哲学社会科学版），42（2）：1-6.

戴庆厦，2014. 跨境语言研究的历史和现状[J]. 语言文字应用（2）：2-8.

戴庆厦，邓佑玲，2001. 濒危语言研究中定性定位问题的初步思考[J]. 中央民族大学学报（人文社会科学版），28（2）：120-125.

邓隽，2011. 解读性新闻中的互文关系——兼论互文概念的语言学化[J]. 当代修辞学（5）：42-55.

丁述志，2015. 直接引语在新闻写作中的作用[J]. 新媒体研究（10）：67-58.

董育宁，2007. 新闻评论语篇的语言研究[D]. 上海：复旦大学.

董育宁，2015. 从语体互文的角度解读新闻评论语篇[J]. 语文建设（33）：37-38.

端木义万，2002. 解释性报道的文体功能及语篇结构特点[J]. 解放军外国语学院学报，25（2）：21-24.

段晓婕，2003. 汉语篇章中的"直接引述"现象[D]. 北京：北京语言大学.

段业辉，2007. 新闻语言比较研究[M]. 北京：商务印书馆.

范红，2002. 报刊新闻语篇及其宏观、微观结构[J]. 清华大学学报（哲学社会科学版），17（增1）：34-38.

方梅，2005. 篇章语法与汉语篇章语法研究[J]. 中国社会科学（6）：165-172.

费尔迪南·德·索绪尔，1980. 普通语言学教程[M]. 高名凯，译. 北京：商务印书馆.

封鹏程，2005. 现代汉语法律语料库的建立及其词汇计量研究[D]. 南京：南京师范大学.

冯海丹，2010. 复式新闻标题小标题间的关联模式[D]. 杭州：浙江大学.

富全利，齐芳，2010.《精编法学辞典》中古代身体刑刑名释义研究[J]. 兰州教育学院学报（1）：68-70.

高舜礼，2015."一带一路"建设与旅游先行[N].中国旅游报，2015-12-11（B01）.

高增良，1994. 语言借贷与文化交流——兼述丝绸之路的影响与贡献[J]. 中国文化研究（4）：73-78，4.

谷保垒，2014. 导游语言的语码转换研究[D]. 曲阜：曲阜师范大学.

谷建军，1997. 论旅游与语言的关系[J]. 旅游学刊（4）：49-52.

顾华详，2014. 论"丝绸之路经济带"视域下的文化交流[J]. 克拉玛依学刊（2）：3-9，2.

郭龙生，2005. 略论国家通用语言文字的传播战略[J]. 语言文字应用（1）：18-24.

郭龙生，2009. 浅论法律语言的规范化[J]. 法规语言学说（2）：19-25.

郭龙生，2012. 论国家语言服务[J]. 北华大学学报（社会科学版），13（2）：16-19.

郭龙生，2014. 媒体语言中的跨境语言规划研究[J]. 文化学刊（3）：5-11.

郭珉，2014. 中外体育报道差异研究——以 2012 年伦敦奥运会为例[D]. 西安：西安体育学院.

郭其智，袁晖，2007. 公文语体语言中的修辞格探析[J]. 修辞学习（5）：53-57.

郭庆光，2011. 传播学教程[M]. 2 版. 北京：中国人民大学出版社.

韩荔华，1990. 导游辞艺术[J]. 当代修辞学（1）：27，24.

韩荔华，1997. 导游辞语言技巧[J]. 北京第二外国语学院学报（3）：12-22.

韩荔华，2000. 论导游语言运用中的质疑技巧[J]. 北京第二外国语学院学报（5）：85-101.

韩荔华，2001. 论导游语言的研究[J]. 语言文字应用（3）：83-87.

韩荔华，2005. 导游语言概论[M]. 2 版. 北京：旅游教育出版社.

韩荔华，2009. 论通语语体与导游语言语体[J]. 语言文字应用（2）：

63-68.

韩书庚，2010. 浅论新闻语言学的性质及其分类[J]. 现代语文（语言研究版）（10）：15.

郝景东，2014. 中美政治新闻语篇中隐喻的语用功能对比研究[J]. 滁州学院学报，16（6）：86-88，92.

何俊芳，2001. 中亚五国的语言状况[J]. 世界民族（1）：55-61.

何文，2013.《纽约时报》和《华尔街日报》中国经济报道的批评性语篇分析[D]. 济南：山东师范大学.

贺茹，2014. 唐代丝绸之路中外文化交流研究[D]. 咸阳：西北农林科技大学.

贺潇潇，2015. 我国对"一带一路"国家网络传播的现状与对策——以中亚五国为例[J]. 对外传播（6）：35-37.

侯洪澜，2008. 论公文语体的语言特点[J]. 秘书之友（7）：29-30.

胡波，2007. 试论省级党报的文化节庆报道——以 2006 年《浙江日报》为例[D]. 杭州：浙江大学.

胡承佼，2008. 新闻标题中词语超常搭配现象分析[J]. 安徽师范大学学报（人文社会科学版），36（3）：368-372.

胡范铸，2005. 基于"言语行为分析"的法律语言研究[J]. 华东师范大学学报（哲学社会科学版），37（1）：87-93，125.

胡联伟，2009. 从语用学角度看英语报刊经济报道的数字使用[J]. 辽宁工程技术大学学报（社会科学版），11（2）：203-205.

胡裕树，1995. 现代汉语[M]. 上海：上海教育出版社.

胡壮麟，1994. 语篇的衔接与连贯[M]. 上海：上海外语教育出版社.

华晔迪，2015. 央企"一带一路"路线图发布——已有 80 多家在沿线设立分支机构[N]. 经济日报. 2015-07-15（7）.

黄伯荣，廖序东，2002. 现代汉语：下册[M]. 3 版. 北京：高等教育出版社：240.

黄国文，1988. 语篇分析概要[M]. 长沙：湖南教育出版社.

黄国文，2002. 功能语篇分析面面观[J]. 国外外语教学（4）：25-32.

黄慧敏，2010. 让人欢喜让人忧——娱乐新闻词语运用面面观[J]. 安徽电子信息职业技术学院学报，9（5）：78-81.

黄均凤，2015. 武汉报纸新闻标题中方言词语的选用及选用策略[J].
湖北文理学院学报，36（7）：70-73.

黄立霞，2014. 公文语体的特殊风格[J]. 时代文学（下半月），（5）：
151-152.

黄秀升，2008. 导游修辞话切探讨[J]. 新西部（下半月），（8）：140，
138.

黄衍，1985. 试论英语主位和述位[J]. 外国语（上海外国语大学学报）
（5）：33-36，18.

黄燕飞，2011. 新疆少数民族岁时节日习俗与性别意识解读[J]. 现代
交际（11）：77-78.

贾小兰，2015. 法律新闻标题中常见隐喻特点研究[J]. 中国报业（16）：
41-42.

姜琳，2008. 文化差异性对跨文化交流的影响[J]. 国际关系学院学报
（5）：64-70.

姜木兰，2003. 文学语言在旅游报道中的运用[J]. 广西社会科学（9）：
187-188.

姜望琪，2012. 篇章结构刍议[J]. 当代修辞学（4）：10-19.

姜雪，2008. 新闻报道的语篇分析[D]. 上海：复旦大学.

蒋红梅，2013. 网络媒体新闻信息可信度研究[D]. 南京：南京师范大
学.

蒋希蘅，程国强，2014.“一带一路”建设的若干建议[J]. 西部大开发
（10）：98-101.

金玲，2015.“一带一路”：中国的马歇尔计划？[J]. 中国国际问题研
究（1）：88-89.

金倩，2015.《南方周末》新年献词的语言研究[D]. 济南：山东大学.

鞠玉梅，2004. 英语报刊体育新闻语体量化研究[J]. 外语研究（2）：
23-27.

匡素萍，2012. 新媒体环境下的新闻语言研究综述[J]. 今传媒（11）：
102-103.

来华留学网，中国教育在线. 2014 年度来华留学调查报告[EB/OL].
http://www.eol.cn/html/lhlx/content.html.

蓝鸿文，马向伍，1989. 新闻语言分析[M]. 北京：中国物资出版社.

郎花，2011. 日常用语与法律言语中助词"的"比较研究[D]. 太原：
山西大学.

黎锦熙，刘世儒，1957. 汉语复句新体系的理论[J]. 中国语文（8）：
20-25.

李道荣，2007. 经济新闻的特点与从业者的素养[J]. 中南财经政法大
学学报（1）：131-135.

李德鹏，2006."被"字句在法律语体中的分布研究[D]. 昆明：云南
师范大学.

李洪启，1986. 提高新闻语言的水平——吕叔湘等语言学家在本刊座
谈会上的发言[J]. 中国记者（4）：23-24.

李鸿亮，2007. 法律术语探论[D]. 乌鲁木齐：新疆师范大学.

李佳，李静峰，2015."一带一路"需要语言服务跟进——专家学者为
"一带一路"的语言服务献计[N]. 中国教育报，2015-07-15（6）.

李锦芳，2005. 中国濒危语言研究及保护策略[J]. 中央民族大学学报
（哲学社会科学版），32（3）：113-119.

李娟，龚蕴华，2007. 关于跨文化语言交流的思考[J]. 成都大学学报
（教育科学版），21（5）：58-60.

李林，2011. 浅谈导游语言中的惯用语使用[J]. 中国商贸（36）：
151-152.

李希光，2015."一带一路"文化建设与丝绸之路文化复兴[J]. 新闻与
传播研究（6）：24-26.

李宇明，2010. 中国语言规划论[M]. 北京：商务印书馆.

李宇明，2010. 中国语言规划续论[M]. 北京：商务印书馆.

李宇明，2015."一带一路"需要语言铺路[N]. 人民日报，2015-07-05
（7）.

李元授，白丁，2001. 新闻语言学[M]. 北京：新华出版社.

李源，2015. 中美媒体"单独二胎"政策报道对比研究[D]. 广州：暨

南大学.

　　李梓，2015. 消息中加小标题弊大于利[J]. 采写编（3）：25-26.

　　廖美珍，2008. 中国法律语言规范化若干问题之我见[J]. 修辞学习（5）：30-36.

　　廖秋忠，1987.《篇章语言学导论》简介[J]. 国外语言学（2）：66-69.

　　廖艳君，2004. 新闻报道的语言学研究：消息语篇的衔接和连贯[D]. 长沙：湖南师范大学.

　　廖杨标，2015. 对外经济新闻报道框架分析——基于《人民日报》海外版"一带一路"报道的内容分析[J]. 传播与版权（11）：171-172.

　　林幹，1981. 突厥的习俗和宗教[J]. 民族研究（6）：43-48.

　　林纲，2012. 网络新闻语言的语用分析[M]. 南京：南京师范大学出版社.

　　林裕文，1985. 词汇、语法、修辞[M]. 上海：上海教育出版社.

　　凌婧，2015. 陕甘宁边区公文语言词汇研究——以《陕甘宁边区抗日民主根据地》（文献卷）为语料[D]. 成都：四川师范大学.

　　刘禀诚，2004. 主谓式标题的内部构成及语用效果[D]. 南宁：广西大学.

　　刘辰诞，赵秀凤，2011. 什么是篇章语言学[M]. 上海：上海外语教育出版社：119-169.

　　刘晨红，2006. 新闻标题的互文研究[J]. 西北第二民族学院学报（哲学社会科学版），（3）：85-89.

　　刘鸿绅，1987. 篇章语言学的发展史及其研究领域（下）[J]. 当代语言学（4）：165-166.

　　刘萍，2012. 中国政策报道研究[D]. 长沙：湖南大学.

　　刘其中，1995. 直接引语与文风——直接引语在新闻报道中的作用[J]. 中国记者（12）：43-45.

　　刘琼，2011. 中国网络新闻可信度研究[D]. 武汉：华中科技大学.

　　刘伟伟，2010. 论"引用"修辞方式的语篇功能[D]. 上海：复旦大学.

　　刘学堂，1999. 新疆史前头骨穿孔习俗试析[J]. 西北民族研究（1）：3-5.

　　刘玉，2004. 政论语体常用词的统计研究[D]. 昆明：云南师范大学.

刘玉福，2007. 公文语体专用词语研究[D]. 济南：山东大学.

刘云，2002. 汉语篇名的篇章化研究[D]. 武汉：华中师范大学.

刘子琦，姚喜双，2011. 媒体语言功能及其规划原则初探[J]. 社会科学战线（11）：157-160.

龙敏，2014. 福建海外华侨华人达1512万人 呈五方面特点[EB/OL]. [2014-05-28]. http://www.chinanews.com/zgqj/2014/05-28/6219672.shtml.

卢冀明，2014. 试论新闻小标题的形式美[J]. 中国地市报人（7）：28-29.

栾雪梅，1999. 新闻标题中的拈连格[J]. 修辞学习（4）：3-5.

罗桂花，2013. 法庭互动中的立场研究[D]. 武汉：华中师范大学.

罗明钢，2003. 扩大交际是网络语言的实质——著名语言学家、教授于根元访谈录[J]. 语文世界（11）：6，5.

罗远林，1994. 新闻修辞研究[M]. 沈阳：辽宁师范大学出版社.

吕叔湘，1979. 汉语语法分析问题[M]. 北京：商务印书馆.

马丽，2010. 网络新闻标题的语言特点及规范研究[D]. 大连：大连理工大学.

马胜荣，2015. 媒体要重视"一带一路"倡议的传播效果[J]. 公共外交季刊（1）：6-11，122.

马学良，戴庆厦，1983. 语言和民族[J]. 民族研究（1）：6-14.

马子恩，2012. 热点事件新闻语料库的研制及词汇研究[D]. 南京：南京师范大学.

缪开金，2006. 中国文化外交研究[D]. 北京：中共中央党校.

聂仁发，2009. 现代汉语语篇研究[M]. 杭州：浙江大学出版社.

牛新生，1985. 新闻报道中间接引语时态变化不规则现象初探[J]. 外国语文教学（3）：136-138.

帕丽丹·买买提沙他尔，2015. "一带一路"背景下新疆与中亚国家传媒产业合作发展研究[J]. 传媒（24）：62-63.

潘佳佳，2012. 电视新闻节目叙事的主观性研究[D]. 扬州：扬州大学.

潘丽萍，2011. 法律话语策略与民族身份——《反分裂国家法》的中国话语构建[J]. 外语学刊（1）：66-70.

潘庆云，1985. 论汉语法律语体的一般特征[J]. 上海大学学报（社会科学版）（1）：8-14.

潘知常，林玮，2002. 大众传媒与大众文化[M]. 上海：上海人民出版社.

庞丽莉，2007. 政论语体和文艺语体中零形回批和名词回指的差异研究[D]. 广州：暨南人学.

彭戴娜，2006. 新闻标题语法特点研究[D]. 湘潭：湘潭大学.

彭丽巍，2008. 中英经济新闻客观性语言特征对比研究——系统功能视角[D]. 广州：广东外语外贸大学.

皮晨曦，2011. 政论语体与艺术语体排比差异研究[D]. 广州：暨南大学.

齐迹，2009. 外语导游用语语用策略[J]. 黑龙江教育学院学报，28(7)：96-98.

祁林，2006. 电视文化的观念[M]. 上海：复旦大学出版社.

钱惠梅，2013. 浅谈导游语言中语音及语义修辞技巧的运用[J]，现代企业教育（12）：297-298.

邱沛篁，2000. 加强和改进文化新闻报道[J]. 新闻界（3）：35-36.

屈哨兵，2007. 语言服务研究论纲[J]. 汉江大学学报（人文科学版），26（6）：56-62.

全玲玲，2015. 修辞学研究的新坐标——评《汉语修辞学》（第三版）[J]. 连云港师范高等专科学校学报（4）：55-59.

阙庆华，2008. 论导游语言交际中合作原则的运用[D]. 长沙：湖南师范大学.

尚明娟，2011. 现代导游语言规范化浅析[J]. 黑龙江生态工程职业学院学报，24（2）：124-125.

邵健，1997. 论法律语言的语体风格[J]. 山东社会科学（2）：79-81.

邵敬敏，2001. 现代汉语通论[M]. 上海：上海教育出版社.

申现杰，肖金成，2014. 国际区域经济合作新形势与我国“一带一路”合作战略[J]. 宏观经济研究（11）：30-38.

沈家煊，2003. 复句三域“行，知，言”[J]. 中国语文：195-204，287.

沈晓静，2007. 电视新闻语用学研究[D]. 南京：南京师范大学.

施天权，1987. 广播电视概论[M]. 上海：复旦大学出版社：7-19.

石中坚，2005. 文化、语言与跨文化交流[J]. 广东广播电视大学学报（1）：79-83.

宋北平，2006. 中国法律语言规范化研究[J]. 北京政法职业学院学报（3）：26-30.

宋瑞，2015. 积极发挥"一带一路"的旅游力量[N]. 中国旅游报，2015-02-06（2）.

苏晶，2012. 导游语言的语用研究[D]. 长春：东北师范大学.

孙宏开，2001. 关于濒危语言问题[J]. 语言教学与研究（1）：1-7.

孙宏开，2006. 中国濒危少数民族语言的抢救与保护[J]. 暨南学报（哲学社会科学版），28（5）：126-129.

孙莉，2011. 对《纽约时报》中关于中国经济报道的批评性语篇分析[D]. 青岛：中国海洋大学.

覃倩，2015. "丝绸之路经济带"国际传播探索[J]. 中国广播电视学刊（8）：79-82.

覃怡，2012. 公文中的修辞简论[D]. 成都：四川师范大学.

谭德姿，2005. 导游语言修辞八法[J]. 修辞学习（5）：70-71，53.

汤蕾，2007. 现代公文语体修辞研究[D]. 南宁：广西民族大学.

唐小茹，吴丰军，2004. 对文化新闻的思考[J]. 山东视听（9）：32-34.

陶莉，2012. 比喻在抒情中的运用[J]. 试题与研究：新课程论坛（14）：71.

滕慧，2012. 不同定位载体上的经济新闻内容分析——以证券新闻报道为例[J]. 青年记者（9）：33-34.

王福祥，1981. 俄语话语结构分析[M]. 北京：外语教学与研究出版社.

王恒，2016. "一带一路"背景下的大连与符拉迪沃斯托克旅游合作研究[J]. 资源开发与市场（2）：253-256.

王进安，2004. 法律文体的句法特点[J]. 辽宁教育行政学院学报（11）：98.

王蕾，2008. 基于视域的新闻语篇研究[D]. 上海：复旦大学.

王梦雪，2015. 印尼《国际日报》对"一带一路"报道的分析[J]. 传播与版权（10）：161-162.

王倩，2013. "人民时评"专栏的语篇研究[D]. 长春：吉林大学.

王琼，2009. 浅论公文语体与文艺语体的区别[J]. 云南财经大学学报（社会科学版），（2）：145-147.

王榕，2009. 法律术语的语言学研究[D]. 成都：四川师范大学.

王涛，2015. 旅游电视新闻的作用和特点[J]. 新闻窗（2）：79-80.

王永锋，2015."一带一路"引航丝路旅游[N]. 中国信息报，2015-10-09（3）.

王治江，2001. 新闻和广告外来词语的音译[J]. 中国科技翻译，14（4）：21-22，9.

王宗炎，1988. 英汉应用语言学词典[M]. 长沙：湖南教育出版社.

韦超，2006. 艺术语体和政论语体中状位形容词重叠式的差异研究[D]. 广州：暨南大学.

魏晖，2015."一带一路"与语言互通[J]. 云南师范大学学报（哲学社会科学版），47（4）：43-47.

翁玉莲，2007. 报刊新闻评论话语的功能语法分析[D]. 福州：福建师范大学.

乌伊汉，2014. 人民网对民族地区重大社会政策报道研究——以内蒙古禁牧政策报道为例[D]. 呼和浩特：内蒙古大学.

吴恩锋，2007. 基于经济报道标题语料库的概念隐喻研究[D]. 杭州：浙江大学.

吴华清，2012. 党报时政新闻话语研究——以《宁波日报》为例[D]. 上海：复旦大学.

吴珏，2015. 新世纪国内新闻话语主观性的跨学科研究综述[J]. 湖南工程学院学报（社会科学版），25（3）：47-50，93.

吴礼权，2006. 现代汉语修辞学[M]. 上海：复旦大学出版社.

武金燕，2012. 语用预设理论在网络新闻标题中的运用[J]. 现代交际（2）：65-66.

武宇林，2012. 中亚东干族婚礼习俗调查[J]. 北方民族大学学报（哲学社会科学版），（4）：104-108.

晓红，1997. 新闻标题的语法结构和语用价值[J]. 新闻与写作（9）：34-35.

谢新暎，2010. 基于合作原则的导游语言艺术运用研究[J]. 淮海工学院学报（社会科学版），8（9）：68-71.

辛斌，1998. 新闻语篇转述引语的批评性分析[J]. 外语教学与研究（2）：3-5.

辛斌，2007. 转述言语与新闻语篇的对话性[J]. 外国语（上海外国语大学学报），（4）：36-42.

辛斌，2009. 引语研究：理论与问题[J]. 外语与外语教学（1）：1-6.

辛斌，2014. 汉英报纸新闻中转述言语的对比研究[J]. 当代修辞学（4）：43-50.

邢欣，2003. 新疆汉语方言外来词研究[J]. 语言科学，2（1）：76-82.

邢欣，2003. 都市语言研究新视角[M]. 北京：北京广播学院出版社.

邢欣，2004. 国内法律语言学研究述评[J]. 语言文字应用（4）：128-132.

邢欣，邓新，2016. "一带一路"核心区语言战略构建[J]. 双语教育研究，3（1）：1-8.

邢欣，廖泽余，1997. 维吾尔语词汇演变研究[M]. 新疆：新疆大学出版社.

邢欣，苗德成，2016. "一带一路"倡议"带"出核心区语言战略新机遇[J]. 海外华文教育动态（1）：31-32.

熊妮，2007. 经济新闻语篇中的隐喻及其功能[J]. 山西财经大学学报（高等教育版），10（2）：68.

徐建华，1999. 新闻标题中的消极修辞[J]. 渤海大学学报（哲学社会科学版），21（4）：3-5.

徐赳赳，1996. 篇章中的段落分析[J]. 中国语文（2）：81-91.

徐赳赳，1997. 话语分析在中国[J]. 外语教学与研究（4）：20-24.

徐赳赳，2010. 现代汉语篇章语言学[M]. 北京：商务印书馆.

徐林，2011. 网络新闻的汉英翻译与编译的几点思考[J]. 中国翻译

（4）：69-74.

　　徐书婕，2015. 新媒体语境下主流媒体的责任担当——以《人民日报》"一带一路"报道为例[J]. 新闻战线（7）：73-74.

　　徐音华，2010. 试论公文中的新词新语[J]. 安徽文学（下半月），（6）：215-216.

　　薛朝凤，2010. 法制新闻话语叙事研究[D]. 上海：上海外国语大学.

　　薛东前，石宁，段志勇，等，2013. 文化交流、传播与扩散的通道——以中国丝绸之路为例[J]. 西北大学学报（自然科学版），43（5）：781-786.

　　颜娜，2014. 针对新闻媒体新词语运用的语言服务构想[J]. 现代语文（语言研究版），（12）：93-95.

　　杨保军，2005. 新闻理论教程[M]. 北京：中国人民大学出版社：18.

　　杨达英，1984. 政论语体的语言特点[J]. 教学与进修（1）：70-74.

　　杨海琳，2015."一带一路"与中国文化的传承与传播[J]. 新闻研究导刊，6（20）：6，5.

　　杨菊，2014. 从结构感、逻辑感、视觉感等角度谈谈新闻小标题的制作[J]. 新闻传播（5）：229.

　　杨林，2011.《重庆日报》时政新闻文本研究[D]. 重庆：重庆师范大学.

　　杨梅，2005. 关于英语导游非语言交际行为和手段的研究[J]. 旅游学刊（S1）：142-145.

　　姚霖霜，2012. 法律文书情绪语言的认知研究[D]. 武汉：华中师范大学.

　　姚喜双，2012. 大力推广和规范使用国家通用语言文字[J]. 语言文字应用（2）：6-13.

　　姚喜双，张艳霜，2010. 媒体语言发展刍议[J]. 语言文字应用（1）：2-10.

　　银梓，2011. 网络新闻标题语法特点研究[D]. 黑龙江大学.

　　尹世超，2001. 标题语法[M]. 北京：商务印书馆：106-107.

　　尹世超，李龙，2007. 汉语篇章语法的新探索——读屈承熹《汉语篇章语法》汉译本[J]. 修辞学习（2）：77-79.

于根元，2000. 应用语言学概论[M]. 北京：商务印书馆.

余晶，2012. 手机新闻语言研究[D]. 重庆：重庆师范大学.

俞萍丽，2001. 数字妙用写华章——经济报道中的数据运用[J]. 新闻实践（9）：20-21.

郁璐，2010. 英汉经济报道中概念隐喻的对比研究[J]. 宜春学院学报，32（5）：128-129，173.

袁晖，李熙宗，2005. 汉语语体概论[M]. 北京：商务印书馆.

袁武信，1988. 修辞在新闻标题中的运用[J]. 洛阳师范学院学报（3）：61-65.

曾博伟，2015. 奏响"一带一路"旅游四重唱[N]. 中国旅游报，2015-06-12（4）.

曾颖，2005. 报纸新闻主标题语法结构和话题表现研究[D]. 成都：四川大学.

战丽莉，房吉宁，孙先帅，2014. 新闻语篇中的引语类型及话语来源分析——以英国《卫报》对莫言荣获诺贝尔文学奖的报道为例[J]. 合肥工业大学学报（社会科学版），28（1）：72-76.

张丹，2014. 直接引语及其在新闻语篇中的使用[J]. 边疆经济与文化（8）：111-112.

张德禄，刘汝山，2003. 语篇连贯与衔接理论的发展及应用[M]. 上海：上海外语教育出版社.

张桂艳，2015. 阐述新词语在新闻语体中的运用[J]. 新闻传播（21）：101-102.

张海燕，柳清泉，李文华，2004. 论公文写作语言的简洁性[J]. 莱阳农学院学报（社会科学版），16（4）：61-63，86.

张华念，2005.《人民日报》国际评论的语体风格研究[D]. 保定：河北大学.

张佳慧，2010. 导游语言的语用学研究[D]. 扬州：扬州大学.

张佼，2004. 汉语辩证思想与新闻标题感情色彩——新闻标题中反义词语及对比、对偶修辞方式的运用[J]. 湖北师范学院学报（哲学社会科学版），24（3）：97-99.

张菊荣，孔翔兰，高阳，等，2008. 政论文本的多向度话语分析——费尔克罗夫"多向度话语分析模式"的新尝试[J]. 湖南人文科技学院学报（2）：95-97，100.

张军梅，2011. 政治语篇中缓和型 FTAs 作为语用策略的顺应性研究[J]. 南昌教育学院学报（6）：168-170.

张蕾，2007. 新闻报道语篇中评价意义研究——从单一、系统的分析理论模式到综合、多层次的分析方法[J]. 天津外国语学院学报，14（5）：19-23.

张丽，2015. 网络新闻标题与报纸新闻标题的比较研究——以人民网和《人民日报》为例[D]. 济南：山东师范大学.

张骞，2011. 民族文化传播与本土媒体的文化使命——以非物质文化遗产报道为例[D]. 长沙：湖南大学.

张荣，2010.《人民日报》与人民网新闻标题语法比较研究[D]. 保定：河北大学.

张丝丝，2012. 旅游新闻报道问题与对策研究[D]. 锦州：渤海大学.

张维仑，1995. 法律术语命名（选用）的方法及意义[J]. 语言文字应用（3）：29-33.

张一清，2012. 以评估促提高，规范使用国家通用语言文字[J]. 语言文字应用（2）：38-40.

张玉玲，2008. 网络语言的语体学研究[D]. 上海：复旦大学.

张允，朱卉，2015. 基于百度指数下多媒体平台"一带一路"报道的政策性新闻受众关注度分析[J]. 新闻知识（6）：25-27.

张智慧，2006. 浅析 *China Daily* 中政论性报道之文体特征[J]. 重庆文理学院学报（社会科学版），15（4）：57-61.

章海燕，2014."中国上海国际艺术节"电视新闻报道研究——以上海广播电视台《新闻报道》为例[D]. 上海：华东师范大学.

章文君，2015. 社会治理：语言运用与话语体系建构[J]. 浙江学刊（3）：208-213.

赵净秋，1998. 试论法律语言的语体风格[J]. 云南法学（3）：3-5.

赵启正，2014. 语言服务是跨越文化障碍之桥[J]. 中国翻译（1）：6-8.

赵世举，2015. "一带一路"建设的语言需求与服务对策[J]. 云南师范大学学报（哲学社会科学版），47（4）：36-42.

赵天舒，2013. 应用语体中消极修辞的作用研究[D]. 南京：南京林业大学.

赵欣，2006. 对公文语言中熟语运用的研究[D]. 武汉：华中师范大学.

赵杨，2011. 法制新闻报道中法律语言的使用研究——以《法制日报》为例[D]. 北京：中国政法大学.

郑东升，2007. 政治语篇的人际功能研究[D]. 长春：吉林大学.

郑华，李婧，2016. 美国媒体建构下的中国"一带一路"倡议构想——基于《纽约时报》和《华盛顿邮报》相关报道的分析[J]. 上海对外经贸大学学报，23（1）：87-96.[①]

郑旷，1992. 试论新闻修辞的基本原则（上）[J]. 新闻知识（3）：43-45.

郑自军，2004. 近15年来新闻文化研究回顾[J]. 新闻界（3）：53-54.

中国国家发展改革委，外交部，商务部，2015. 推动共建丝绸之路经济带和 21 世纪海上丝绸之路的愿景与行动（全文）[EB/OL]. 新华网，2015-03-28.

中国华东修辞学会复旦大学语言文学研究所，1987. 语体论[M]. 合肥：安徽教育出版社.

中国与全球化智库（CCG），2015. 中国企业国际化报告（2014）蓝皮书[M]. 北京：社会科学文献出版社.

中国与全球化智库（CCG），2015. 中国企业全球化报告（2015）蓝皮书[M]. 北京：社会科学文献出版社.

钟原，2007. 党报和都市报报道语体风格差异研究[D]. 广州：暨南大学.

周迟明，1960. 汉语修辞[M]. 济南：山东人民出版社.

周庆生，2005. 国外语言规划理论流派和思想[J]. 民族语文（4）：53-63.

周庆生，2014. 论我国少数民族双语教学模式转型[J]. 新疆师范大学

---

①② 鉴于国家媒体报道中统一用"'一带一路'倡议"的说法，现将早期报道中的部分说法改为"'一带一路'倡议"。

学报（哲学社会科学版），35（2）：122-128，2.

　　周世燕，2013. 论大众化语言在新闻标题中的运用[J]. 西南石油大学学报（社会科学版），15（5）：89-93.

　　周松根，1992. 巧用数字引人入胜——浅谈数字法在导游语言艺术中的妙用[J]. 旅游学刊，7（2）：45-46.

　　周晓沛，2016. 我们和你们：中国和哈萨克斯坦的故事[M]. 北京：五洲传播出版社.

　　朱德熙，1982. 语法讲义[M]. 北京：商务印书馆.

　　朱婷玉，2009. 新闻标题中的修辞现象研究——以《解放日报》国际新闻为例[D]. 上海：复旦大学.

　　朱永生，严世清，2001. 系统功能语言学多维思考[M]. 上海：上海外语教育出版社.

　　邹统钎，2015. "一带一路" 倡议促进旅游开放与合作[N]. 中国旅游报，2015-08-26（B03）.

　　邹统钎，吴丽云，2003. 旅游体验的本质、类型与塑造原则[J]. 旅游科学（4）：7-10，41.

　　邹小阳，2008. 公文语体中的新四字格探析[J]. 湖南科技学院学报，29（5）：202-204.

　　邹玉华，2009. 法律语言规范化思考[J]. 佛山科学技术学院学报（社会科学版）（5）.

　　M A K HALLIDY & R HASAN, 1976. Cohesion in English[M]. London: Longman Group Ltd.